더듬이주식회사

문학공원 기획시선 15

더듬이주식회사

김순진 시집

2020ⓒ김순진

문학공원

서시(序詩)

내가 처음 본 당신은
여름날 굵은 소나기를 맞아
착 달라붙은 옷의 굴곡이 드러나난
여체보다 선명하였다
당신은
어릴 적 뛰 놀던 동산의
그리 풍기지 않는 찔레꽃 향기처럼
은은히 다가왔다
당신의 향기는
절벽 아래 세워진 벌통
토종벌의 역사로 이루어진
꿀보다 감미로웠다
그래서 나는
헛간과 외양간 사이를 곡예하는 집거미의
거미줄 같은 위태로움으로
당신이 걸려들기를 기다린다

　　　　　2020년 정월

　　　　　　　　　鹿山齋에서 김 순 진

차 례

서시 ········ 5

1부. 겨드랑이 성경

겨드랑이 성경 ········ 12
살포 ········ 14
카타르시스 육모법 ········ 16
우리 시대에 끝난 옛날이야기 ········ 18
감자의 눈 ········ 19
개미·2 ········ 20
버려진 밥상을 리폼하다 ········ 21
전단지 ········ 22
쏠리다 ········ 23
더듬이주식회사 ········ 24
어둠에 관한 상념 ········ 25
씀바귀꽃 ········ 26
때 아닌 누드사진 ········ 27
와불을 만나다 ········ 28
생각의 각도 ········ 30
집구석 ········ 32
뻥치고 싶은 날 ········ 34
콩새네집 ········ 36
건망증 ········ 37
코찡찡이 할머니의 눈물 ········ 38

2부. 비와 참새의 퇴고법

지렁이 확률 ……… 42
가위 ……… 43
밟 ……… 44
비와 참새의 퇴고법 ……… 45
거울 ……… 47
구제역 ……… 48
옷 ……… 49
싫어 좋아 ……… 50
어근에 따른 의미 고찰 ……… 52
편들기 ……… 53
무신 꽃 설화 ……… 54
구리 구리 ……… 55
열세 가지 복 ……… 56
까닭 ……… 57
칼로 물 베기 ……… 59
노란 ……… 60
밀어주세요 ……… 62
열無김치에 ……… 64
파리와 모기 ……… 66
#岳재를 넘으며 ……… 67
떼어 붙이기 ……… 68
나무에 관한 상상 ……… 69
빵드이소 ……… 70
달팽이 ……… 72

차례

3부. 격정과 걱정 사이

손 ········ 74
매미와 양말 ········ 75
나는 시나브로 농사꾼이다 ········ 76
파먹다 ········ 79
질주 ········ 80
간척지 간첩질 ········ 81
유치 찬란 ········ 82
산과 우리 ········ 83
왜곡 ········ 84
제주 4.3사건 또는 토끼 ········ 85
스펀지 ········ 86
시(詩) ········ 87
들꽃을 꺾어주고 싶은 사람 ········ 88
예를 갖추다 ········ 89
詩에게 ········ 90
1980, 귀 ········ 92
달은 ········ 93
성인교육 ········ 94
넝쿨장미 혹은 바람 ········ 96
격정과 걱정 사이 ········ 98
물과 시 ········ 99
고동색 그림자 ········ 100
5월, 그녀의 형용사 ········ 101
먹는 권력 ········ 102
오늘 당신은 스무 살입니다 ········ 103
석파정에 앉은 여자 ········ 104

4부. 풀 뽑는 여자

풍선껌을 불다 ········ 106
목련아, 좀 ········ 107
뾰족한 시 ········ 108
담양송 ········ 109
이모작 ········ 110
황하문명 ········ 112
봇숭아꽃 ········ 114
풀 뽑는 여자 ········ 115
아버지의 광복절 ········ 116
귀신이 웃을 일 ········ 117
식물인간 ········ 118
말문이 막히다 ········ 119
도배하기 ········ 120
여자의 일생 ········ 122
수석발레리나에게 ········ 124
내 마음의 무지개 ········ 126
첼로 오중주 ········ 127
죽부인 ········ 130
시인의 조건 ········ 132
돌 ········ 134
반성 ········ 136
무채를 썰다가 ········ 137
그는 가을하늘이다 ········ 138
진도북춤 ········ 140
물고기를 잡으며 ········ 142
마흔에 부처 ········ 143
괜찮아요 ········ 144

차 례

작품해설 ········ 146

유승우 - 신과의 대화, 그 시적 이미지의 세계

1부
겨드랑이 성경

겨드랑이 성경

나는 내 겨드랑이를 믿는다
언젠가는 날개가 돋아날 내 겨드랑이를 믿는다
병아리가 그랬던 것처럼 꺼병이가 그랬던 것처럼
겨드랑이에 날개가 돋아나려면 빈 팔을 마구 저어야 한다
자꾸만 빈 팔을 저어 허공에 동그라미를 그리다보면
언젠가 내 겨드랑이에는 날개가 돋아나겠지
그날이 내일일 수도 있고 십 년 있다 돋아날 수도 있다
어쩌면 내가 죽어서야 관을 박차고 날아오를 수도 있을 거야
그래도 나는 내 겨드랑이를 믿는다
그래서 오늘도 할머니의 짐을 들어드리고
외국인을 만나면 짧은 영어로 길을 가르쳐준다
마치 여행 왔다 돈 떨어진 양 일본말로 구걸하는 청년이
수작임을 뻔히 알면서도 만 원짜리 한 장을 건네며 밥을 사먹으라 한다
병아리가 물 한 모금 먹고 하늘을 쳐다보는 이유는 날고 싶어서일 거야
나도 하늘을 날고 싶어 자주 하늘을 본다
땀이 날 때면 혹시 날개가 돋는 건 아닌가
겨드랑이를 들여다보면 곧 돋아날 것만 같은 날개의 기미가 보인다
나는 내 겨드랑이를 성경말씀처럼 믿는다
그래서 겨드랑이에 돋아날 그 아름다운 날개를 믿으며

겨드랑이 밑에 감춰진 천사의 날개를 위해 팔의 수고를 아끼지 않는다
　오늘도 나는 마음을 나누고 물질을 나누며 사람의 향기를 나누어
　마침내 천사를 꿈꾼다

　뭐, 시인은 이미 천사와 동급일 테지만

살포

공주박물관 전시실에서 살포*를 본다

어릴 적 휴전선과 가까운 곳에 살던 나는
귀청이 찢어질 듯한 대담방송을 들으며 자랐다
남풍이 부는 날이면 북한은 자주 풍선을 띄워 삐라를 살포했다
우리는 삐라를 주워 파출소에 가져다주었고
순경들은 자유의 벗이란 칼라잡지를 선물로 주었다
우리는 살포시 미소를 지으며 딱지를 접었다

모내기철이면 소작농 아버지는
무딘 삽을 들고 밤새 뒷둔지 벌판을 오르내려야 했다
수리조합의 순서에 따라 그날 밤은
저수지 물이 온전히 우리 집으로 들어올 차례
그러나 중간에서 살포시 제논으로 물꼬를 터놓는 얌체들 때문에
뒷둔지의 맨 아래쪽 논이었던 아버지에게 모를 내는 일은 전쟁이었다

---

* 살포 : 공주 수촌리 1호 덧날무덤에서 출토된 백제시대의 농기구로 T자 손잡이에 길고 가는 몸통, 작은 삽날로 이루어져 있다. 지역의 우두머리들이 농사에 필요한 물을 배분할 때 썼다는 설명이 붙어 있다.

차돌바위 등에 터져 죽은 게 무엇이게?
어머니는 수수께끼를 내며 우리들의 옷을 벗겨
화롯불에 데우며 손톱이 뻘겋도록 이를 잡았다
그럴 때면 아버지는 늘 군대이야기를 했다
이가 하도 많아 벌거벗은 몸에 DDT**를 살포당하며
군대생활을 했다는 무용담은 무장공비를 잡은 듯 의기양양했다

막 결혼을 할 때쯤 국회의원 선거가 있었다
오늘밤 돈봉투를 살포한다는 소문에 잠을 안자고 기다렸다
자정이 되자 네 번 떨어져 아내가 지게 품을 판다는
이 모 후보의 운동원이 와서 식용유 한 병을 주고 갔다
박스공장에 다니던 나는 콩기름 한 병 받고 찍어준 그가 당선돼
살포시 쓴 웃음을 웃어야 했다

제 논에 물들어가는 것을 볼 때와
제 새끼 입에 음식 들어갈 때 생긴다는 미소, 살포시
저 살포를 들고 벌판을 오르내리던 백제의 관리는
하층민들의 배를 불리며 살포시 미소를 공급했을까
나는 오늘도 메마른 가슴에 살포시 물꼬를 터볼
출렁거리는 시 한 편 쓰고 싶어 밤의 언덕을 오르내린다

** 가루 형태의 살충제

카타르시스 육모법

나에게 어둠의 할부가 끝나가고 있어 아쉽다
어둠을 더 대출받지 못해 너무나 아쉽다
나에게 어둠은 최고의 가치였다
나이가 들자 내 어둠에 자꾸만 밝음이 기생하려 한다
엄마가 죽은 지 세 달도 안 돼 아버지가 새엄마를 데려왔을 때
나의 계절은 철저히 어두웠다
그믐밤 같은 날이 청춘 내내 지속되었다
반항과 가출은 내 어둠의 잘생긴 얼굴이었다
첫 공장에서의 임금체불과 신체적 가학에서
나는 꿈이나 미래 같이 허황되고 부조리한 빛을 차단키로 했다
쉰아홉 살의 나이에 아직도 사글세를 전전하고 있는 내가
여전히 어둠을 사랑한다고 사람들은 조소하겠지
그러나 어둠이야말로 나의 신실한 애인
어둠은 내가 오르가슴을 요구할 때마다 튼실한 엉덩이를 들이민다
백주대낮에 무엇을 할 것인가
온갖 번쩍거림을 매단 시인이라니 가당키나 한가
시시덕거리며 꽃을 보느니 차라리 골방에 곰팡이를 키우겠다

잔뜩 어둠을 채운 내 서재엔
곧 시밭에 이식될 카타르시스가 빼곡히 자라고 있다

우리 시대에 끝난 옛날이야기

옛날에 할아버지 할머니가 살았는데
손자가 옛날이야기를 해달라고 해서
옛날이야기를 해주는데
그 옛날이야기 속에
옛날에 할아버지 할머니가 살았는데
손자가 옛날이야기를 해달라고 해서
옛날이야기를 해주는데
그 옛날이야기 속에
옛날에 할아버지 할머니가 살았는데
손자가 옛날이야기를 해달라고 해서
옛날이야기를 해주는데…

가슴으로 살던 옛날이야기는 끝이 날 줄 몰랐는데
결국 할아버지는 일찍 죽고
엄마는 이혼하고 아빠는 돈벌러가고
할머니와 손자만 살고 있는데
그래도 할머니는 옛날이야기를 해주려 하는데
손자는 옛날이야기를 원치 않고
컵라면 들고 컴퓨터게임에만 매달리고 있는데

감자의 눈

감자는 눈으로 아이를 낳는다
우묵한 눈으로 어두운 땅속 세상을 바라보았다가
무르고 기름진 땅을 골라 아이를 낳는다
씨감자의 눈에서 나온 탯줄로 길러지는 감자의 아기
씨감자는 두 토막 세 토막 잘려진 몸으로도 본분을 잃지 않고
한 번도 나가보지 않은 세상으로 새싹을 밀어 올린다
무서운 세상에 나와 그 여린 잎으로 햇볕을 모으고
바람을 끌어들여 제 숨을 나눠주며 어린 감자를 길러낸다
그리고 마침내 제 몸보다 큰 감자를 길러냈을 때
제 눈보다 많은 감자를 길러냈을 때
감자 싹은 시들고 감자는 땅속에서 일가를 이룬다

자식이 눈에 밟혀 못 먹겠다거나
눈에 넣어도 시지 않다던 우리네 엄마가
그윽한 눈으로 우리를 길러냈던 것처럼

개미 · 2

34 24 34가 이상적 사이즈라는
미스코리아 선발대회의 규정은 그들로부터 모방되었다
무노동 무임금의 원칙을 고수하는 정치입안자들과
비만세금을 신설한 미국 어느 주정부의 정책은
애초부터 실효성이 없는 정책이었다
활발한 무역을 위해 목선을 타고 국경을 넘거나
땅굴을 파 월경을 하는 일은 처음부터 묵인되었다
신노예제도의 부활이라 비아냥대는 기사에
그들은 고개를 저었다
난무하던 구호가 사라진 사회
양보와 협동을 통해 통치사회가 아닌
자율사회는 그들 스스로가 만든 사회였다
그들은 은둔자도 포식자도 아니다
음악과 무드를 모르는 사람들도 아니다
열심히 일하는 그들
추위도 더위도 없는 그들의 집엔
양곡이 넘치고
아이들의 웃음소리 끊이지 않는다

버려진 밥상을 리폼하다

이사 가는 집 벽 한켠에 밥상 하나 버려져 있다
군데군데 상처가 나고 다리가 삐걱거리는 밥상
한 식구의 생사가 저곳에서 해결되었으리
아이들이 배고프다며 밥 달라고 아우성을 치고
엄마는 고작 계란프라이를 지져내면 아이들은 최고의 만찬을 대했으리
뚝뚝 흘리는 자장면 면발과 밥풀들을 받아내면서
맨날 김치뿐이란 투정이 아이를 위로 위로 밀어올렸으리
때로는 실직한 가장이 비통한 술잔을 기울이면
아내는 옆에서 말없이 바라보았으리
생일 케이크가 수도 없이 올라가고
축가를 부르며 박수를 치는 고사리손에 축복이 내렸으리
문득 그 가계의 숟가락소리 부딪는 소리가 들려온다
긴 장대를 일사불란하게 두들기는 한 부족의 축제가 들려온다
숲을 이루던 한 나무의 생을 외면할 수 없어
누가 볼까 슬쩍 가져다가 줄을 두르고 종이를 붙여 리폼을 한다
하여 나는 책이 된 나무와 책꽂이가 된 나무와 책상이 된 나무와
찻상이 된 나무의 저 아늑한 숲에서 오래오래 살기로 한다

전단지

미아역 4번 출구 앞
청년들이 휴대폰을 싸게 준다며 전단지를 나누어주고 있다

단장의 미아리고개를 넘으며 철삿줄로 꽁꽁 묶인 채
무전기도 하나 없이 줄줄이 꿰어 북송되던 양민들
그때 이런 휴대폰이 있었다면
이산가족의 아픔은 겪지 않아도 되었을 터

그 청년은 지금 아군이 한강철교를 폭격으로 끊고
용산 종로를 함락시킨 채
미아리로 상륙하고 있다는 정보를 받은 것일까

1 + 1 행사
블루투스 셀카봉 증정
학생폰 효도폰 특가 대행사
기가 와이파이 무상 설치
생존 전쟁에 선 젊은 전사는
수천 장의 전단지를 다 돌려야 일당을 받고
타 통신사를 퇴각시킬 수 있을 게다

뺏고 빼앗기며 일당백을 요구하는
삶의 전투에 선 젊은 전사가 안쓰럽다

쏠리다

지하철 앞 칸에서
다음 칸으로 넘어온
60살이 채 안 돼 보이는 여자
빈 노약자보호석에 앉으려다
열차가 급정거하는 바람에
할머니에게로 쏠린다
어이쿠 미안합니다 미안합니다
순간 미 친 세상과 쏠 친 세상이 교차한다
8음계 중 우리의 옥타브는 미 친 세상
고작 쏠의 목소리를 내도
사람들은 명랑하다느니
좋은 일이 있느냐 물으며
쏠 친 세상을 동경한다

나는 아직 젊음에 쏠리고
여전히 사랑에 쏠리고 싶다

더듬이주식회사

종로3가 지하철 3호선에서
청량리역 쪽으로 가는 1호선 열차로 갈아탔다
열차 칸 사이에서 살짝 눈을 뜬 가짜 맹인 두 명이
3분 사이로 찬송가에 발을 맞춰 엉거주춤 걷고 있다
움푹 팬 눈이지만 희망의 감자눈을 잃어
구걸로 연명해야 하는 그들
어느 병원에 문병을 갔다가
꾀병도 병이라는 표어를 본 일이 있다
삶이 얼마나 고됐으면 멀쩡한 사람들이
눈을 감고 더듬이를 택하였을까
등에 멘 달팽이집가방에 천 원짜리 몇 닢 넣은 그가
삶의 점액질을 발산하며 달팽이 발을 질질 끈다
하지만 그들의 눈을 떠주기 위해 목숨 거는
심청이도 뱃사람도 보이지 않는다

그들에게 지팡이는 길을 더듬는 도구가 아니라
더듬이주식회사의 사원증이었던 것이다

어둠에 관한 상념

어둠이라는 말은
캄캄하다는 말도 잠재운다는 말도 아니다
어둠은 태양을 배제하지 않으며
닭을 구속하지도
별을 숭배하지도 않는다
어둠은 누룩 넣은 술과 같이 서로를 익히고 있을 뿐
국화의 만개를 위해 어둠이 필요악이라는 가설은
철저히 무시되어야만 한다
어둠은 철저히 어두울 때 빛날 뿐
어둠은 결코 폭력이나 죽음에 대해 관대하지 않다
어둠은 마음을 훔치는 도둑이 아니다
이별이나 곤궁에 대하여 어둠을 웃거름하지 말자
어둠의 나직이 외치는 저 지하의 소리에 대하여
급박하게 접근한다
어둠은 강도야 불이야
그런 다급한 소리에 소경이다
숨죽이며 담을 넘는 한 가장의 발자국소리를
증명하기 위해 어둠은 눈을 부릅뜨는 것이다

씀바귀꽃

잇단 사업 실패에다 출판사까지 차려 반지하에 산 지 15년 만에
 응암동을 떠나 불광동으로 이사를 왔다
 그토록 인사성 밝다는 내가 바쁘다는 핑계로
 형제처럼 살던 이웃들에게도 인사를 못하고 와 늘 마음이 찜찜했다
 그런데 내 전화번호를 아는 이웃들도 사는 게 뭐 그리 바쁜지
 요즘 왜 안 보이느냐, 전화 한 통 없어 인사를 가려던 마음이 싹 가신다
 그래도 내 도리는 해야지 하며 지인들을 찾아 인사를 돌다가
 살던 집 옆의 채소가게 할머니한테 찾아갔다
 우리 집에 푸성귀를 대주느라 배추떡잎처럼 거칠어진
 할머니의 손을 매만지다가 목이 메인다
 그리하여 진열된 늙은 호박한테 안부를 묻고 돌아오는 발걸음이 떨어지지 않는다
 가만히 쪼그리고 앉아 들여다보니
 노란 꽃 네 송이가 피어 있었다
 그동안 우리 네 식구가 씀바귀같이 산 세월을 격려하며
 골목이 주는 이별의 꽃선물이었다
 그들도 우리처럼 반지하에서
 웃음을 잃지 않고 살고 있었던 것이다

때 아닌 누드사진

불광천 은평구민벚꽃축제 행사장에
은평문인협회 부스가 마련되었다
제대로 된 시화 하나 없이 A4지에 붓펜으로 그린
윤동주 정지용의 시편들이 빨랫줄에 시들하게 내걸렸다
문인이 선물한 시집 잡지를 자존심 없이 가지고 나와
그걸 미끼로 당신도 시를 쓸 수 있다며 뻥치는 문인들
속이 켕기는 나는 몰래 막걸리를 사다 마시며
다리 아파 쉬는 구민들에게 따라드린다

진짜 시인이시네요, 우리 맘을 아시니
저런 거 백 번 해봐야 구민들한테는 소용없는 일이죠
뒤에는 벚꽃이 흐드러지게 피었는데
시인의 자존심은 모두 벗겨진 느낌이었다

행사가 파하고 흐드러지게 핀 벚꽃 앞에서
기념사진을 찍을 때 내가 외친 말
자 버꼬 찍어요
사람들은 벚꽃처럼 화사하게 웃고
나는 얼른 자존심의 누더기를 추켜 입었다

와불을 만나다

백담사 계곡에 들렀다가 수천 개의 돌탑을 보고
충동이 일어 탑을 쌓는다
계곡에서 가장 높은 탑을 쌓으려 욕심을 부린다
세숫대야만한 돌 세 개를 굴려다 주춧돌을 놓는다
내 힘으로 굴릴 수 있는 가장 큰 돌을 굴려다 1층을 올린다
찬물에 들어앉아 가부좌를 틀고 수도중인 부처
돌이불에 석침을 베고 주무시는 부처
건천에 나와 바람과 벗하며 유랑 중인 부처
계곡을 오르내리며 잘생긴 부처들을 선발한다
크기별로 순서에 따라 돌을 들어올리고
작은 굄돌을 주워다 받친다
작은 돌은 밑에 깔려서도 전혀 주눅 들지 않는다
돌탑이 올라갈 때마다 사람들의 이목이 집중된다
우쭐대며 오십억 살 위에 오십억 살을 올리길 수차례
오십억 살이 넘은 부처들을 겨우 오십 살 막 넘은 녀석이 번쩍번쩍 들어 올려도
투덜거리거나 뛰쳐나가지 않고 스스로 참선에 든다
그렇게 소원을 빌며 13층석탑을 올리고 보니
결국 정수리에는 가장 가볍게 비운 부처가 올라앉는다

돌탑 쌓기를 마치고 멀찍감치 다리에 서서 바라보았다
그랬더니 바람도 부처 산천어도 부처 나무도 부처

그곳에 있는 모든 것이 부처인 줄 모르고 탑을 쌓고 있
있던 거었나
계곡 전체가 열반에 드신 와불이었음을 몰랐던 것이다

생각의 각도

퇴근길 동남쪽 45도 각도에 여인의 배부른 달 하나 떠 있다
신혼시절 배부른 아내의 군것질 값도 해결치 못하고
단칸방에도 큰소리치던 생각의 각도가 달의 이면에 이첩되어 있다
나보다 앞서가는 긴 그림자가 도시의 불빛에 산란한다
한창 산란기에 접어든 물고기들이 뭍 가장자리를 찾을 즈음
횃불을 들고 그들의 산란을 포획하던 뒷집 형님*은 생의 각을 잃은 지 오래다
신설동에 있던 달이 어느새 나와 함께 지하철을 타고와 녹번역에 내렸다
쑥을 키우던 달이 낮부터 안 팔리던 노점 쑥무더기에 비친다
모래가 사월 초하루인데도 대보름 때 팔던 차좁쌀과
중국산 마른 고사리를 함께 펴놓은 소방서 앞 노점
쑥쑥 자라는 손자와 쑥쑥 늘어가는 근심을 생각 없이 비추며 쑥쑥 자라는 달
생의 각도는 늘 모퉁이를 가지며
생의 각도는 늘 모퉁이를 닳아 없앤다
달은 7019번 지선버스로 환승해 따라온다
나는 누이동생**의 생일에 대하여 달력의 동그라미처럼

---

* 김억진 형님

무심하고
  손위처남***의 생일을 달콤하게 까먹는다
  달 모퉁이 어느 선술집에 들러 달달한 소주 몇 잔 털어부은 나는
  봄의 탈환을 타전하는 달에게 포로가 된 채 끌려다닌다
  응암동은 군데군데 목련꽃초소 불빛이 조요하고
  개나리꽃사슬로 경비가 삼엄한데

**   여동생 김정숙
*** 손위처남 한만섭 형님

집구석

어릴 적 엄마는 자주 연장을 빌리러 갔다
채칼 한 개 사기 힘든 가정형편에
말도 빌리러 가고
되도 빌리러 가가
가끔 체나 키를 빌려오기도 했다

아버지는 탈곡기를 빌려다 콩을 떨거나
홀태를 빌려다 덜 익은 벼를 훑기도 하고
쇠불알저울을 빌리기도 했다
가끔 흙손을 빌리기도 하고
도리깨는 상습적으로 빌리는 물건이었다

그럴 때면
우리 집은 안방이나 마루 광 할 것 없이 모두 집구석이 되었다

그 집구석은 그까짓 채칼이 몇 푼이나 된다고 날마다 빌려달라는 거야
그 집구석에만 들어가면 안 나와
그놈의 집구석 보기만 해봐라

아버지 엄마 동생에 나까지도 모두 싸잡혀서 집구석으로 불렸다

〉
그때 빌리려 했던 물건을 모두 살 수 있게 된 지금
집구석 소리가 그리운 건 왜일까

집구석은 가난의 비하적인 말이 아니라
화목함에 침범 못할 여섯 식구의 요새였던 것이다

뻥 치고 싶은 날

추적추적 가을비가 내리는 날이다
무얼 먹을까 망설이다 국수를 삶는다
굵은 멸치 한 줌을 똥도 안 발린 채 그냥 넣는다
비린내가 풍기자 나는 어느새 투망을 어깨에 메고 고향 냇가를 거닌다
차츰 우러나는 멸치국물 냄새가 비 맞고 들어온 추위를 지우고 허기를 돋운다
국물을 한 수저 떠먹어본다
양파와 조선무에서 우러난 들쩍지근한 맛이 청량고추와 만나 칼칼하다

어릴 적 호밀을 많이 심어 국수를 수십 박스 눌러다 방구석에 쌓아놓고
아버지는 농한기에 아이들 공책값이라도 한다며 화투꾼을 불러다 먹기내기 뻥을 치셨다
땔감이 마땅치 않던 시절 어머니는 젖은 짚을 때며 눈물콧물로
신김치 썰어 넣은 국수털래기를 끓어내셨고 국수 값은 언제나 외상이었다
내 땅 한 평 없이 살던 그 시절
결국 봄이 되어서야 품으로 대신 국수 값을 받았지만
어머니에게 그런 국수 값은 받으나마나한 돈이었다

이런 날이면 일이고 뭐고 다 집어치우고
버들치 한 대접 잡아다 국수털래기나 끓여먹으며
먹기내기 뻥이나 한 판 치고 싶다

콩새네 집

1967년 연곡리 산 142번지 산자락에
콩새네가 이사 온 것은 화전이라도 부쳐 먹고 싶은 소망이었다
꽃무릇 뿌리를 삶아 연명하고
칡이나 씹는 것이 끼니꺼리였던 그 집
외동딸은 영양실조로 밤이면 앞을 보지 못했다
부녀회 작목반이 기르는 뽕나무밭 사잇길을 쓰러질 듯 걸어가는 그 아이
저 콩새같이 가느다란 다리로 낭창낭창 걸어가는 앤 뉘 집 아이야
그때부터 그 집은 콩새네로 불리었다
아침이면 콩새들의 조잘거림을 빈 솥에 안치는 집
돌담불 울타리에 핀 메꽃 웃음을 점심으로 먹는 집
방죽 위로 드리운 저녁노을을 밥상으로 펼치는 집
하얀 얼굴로 낭창낭창 걷던 콩새는
어느 날 '즐거운 방학생활' 책갈피 속으로 들어가고
전학 간 그 아이는 우리들 가슴에 사는 텃새가 되었다

건망증

오후에 중요한 약속이 있는데 휴대폰을 안 가지고 출근하다
종로3가까지 왔다가 응암동으로 되돌아가며 생각한다

가끔 엘리베이터 앞에 신발을 가지런히 벗어놓고
들어가 앉고 싶은 때가 있다
때론 술이 거나해져 친구랑 집에 가서 한 잔 더 하자며
두 칸짜리 공중전화부스에서 나란히 잠들고 싶을 때가 있다
기차에서 차표를 잃어버리고 역무원이 괜찮다고 해도
차표를 찾아야 내리는 곳을 알 수 있다던 아인슈타인
어디로 가는 줄도 모르면서 세상 다 아는 것처럼 현학 취한 나
지능을 잊어버리고 손잡아줄 이를 찾고 싶다

어릴 적 신발을 가지런히 벗어놓고 저수지에 빠져죽은 그 아저씨도
세상을 잊고 싶은 건망증 충동이 강하게 일었을까
시도 때도 없이 오는 카드빚 독촉 전화가
건망증 괄호 밖에서 여전히 벌떼처럼 윙윙댄다
다리미질을 하다가 전화가 오면
귀를 다리고 싶을 때가 있다

코찡찡이 할머니의 눈물

광복절 저녁 텔레비전을 보며 찐 감자를 먹는데
감자가 눈물을 흘린다
방송에서는 문 대통령의 담화에 일본 측 계산이 혼미하다

셋쨋댁 할머니를 우리는 코찡찡이 할머니라 불렀다
코가 뭉개진 듯 거의 없어
비 오면 빗물이 들어갈 듯한 할머니
할머니는 외로운 날이면 담배를 피우시고
가끔 감춰두었던 됫병 소주를 따라 마시기도 했다
말이 어눌해서 우리랑 놀아줄 줄도 몰랐다
동네 애들이 코찡찡이 코찡찡이라 놀리면
주먹을 얼러 메고 눈을 흘기다가 혼자 삭이고 말던 할머니

그렇지만 여름이면 할아버지에게 풀 먹인 하얀 모시적삼을 입히고
겨울이면 회색 누비두루마기의 하얀 동정을 달아 입히며
풍채 좋으신 시골 양반 선비로 입히셨던 할머니
평생 애를 못 낳고 사시다 시설에서 돌아가신 할머니

훗날 들으니 할머니는 가정교육을 잘 받은 일본 관리의 딸인데
히로시마 나가사키 원폭에 패망한 왜놈들이
못생겼다고 버리고 갔다고 했다

>

 그런 일본 여자를 타고난 선비였던 셋쨋댁 할아버지가 불쌍히 거두셨던 것이다

 가만히 보니 어릴 적 뵙던 코찡찡이 할머니께서 울고 계신다

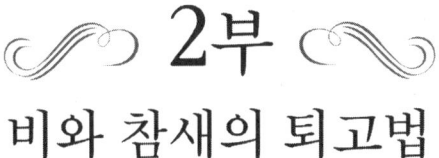

2부
비와 참새의 퇴고법

지렁이 확률

그가 사람에게 밟혀죽을 확률은
사람이 벼락에 맞아죽을 확률과 맞먹는다
그가 말라죽을 확률은
사람이 웃다 죽을 확률을 웃돈다
그가 배 터져 죽을 확률은
사람이 하늘로 솟구쳐 죽을 확률과 동일하다
그가 알을 낳을 확률은
사람이 새를 낳을 확률과 비교되며
그가 일어서서 걸어갈 확률은
사람이 땅속을 기어갈 확률과 견줄 수 있다
그가 사람을 비교분석할 확률은
사람이 지렁이를 비교분석할 확률보다 고부가가치다
그가 나를 낚싯바늘에 매달 확률과
내가 그를 낚싯바늘에 매달 확률은 핵분열의 차이다
그가 아버지의 밭일을 도와드릴 확률은
내가 아버지의 밭일을 도와드릴 확률을 상회한다
그러므로 내가 지렁이에게 절할 확률은
지렁이가 내게 절할 확률보다 현저히 높다
따라서 지렁이가 나에게 감사를 전할 확률은 희박하다
그래서 나는 지렁이에게 감사한다

가위

어떤 이는 그를 보고 입이 싸다고 하고
어떤 이는 그를 보고 배꼽이 크다고 했다
어떤 이는 그를 보고 허벅지가 굵다고 하고
어떤 이는 그를 보고 다리 멀쩡한 게 놀고먹는다 했다
나는 그에게 두 주머니 차는 법을 배우고 싶었으나
그는 나에게 남의 것을 떼어먹는 법을 가르치려 들었다
그가 하얗게 선이 그어진 길을 따라 내려갔다
순간 모든 것의 사이를 갈라놓는 듯했으나
어느새 미끈한 허벅지가 되어 등산로를 오르고 있다

어머니는 고추를 한 자루 가져오시더니
먹고 노는 그에게 고추꼭지를 따라고 이르셨다
그는 너무 매워 딸꾹딸꾹 피기를 일으키면서도
집안 식구 둘러앉는 두레반을 상상하면서 참아냈다
사람들은 그에게 그렇게도 많이 먹고도
언제나 똑같은 체중을 유지할 수 있는 비결을 묻자
그는 먹고 늘어지게 잠만 자는 것처럼 보일런지는 모르겠지만
늘 정중동으로 미래를 꿈꾼다고 말했다
사람들은 함부로 지껄이면 입을 찢어놔야 한다면서
제각기 제 말이 옳다고 주장했으나
그는 날선 입으로 그들의 말을 오려냈다

밟

발도 아닌 것이
밥도 아닌 것이
발 없이 설 수 없는 것이
밥 없이 살 수 없는 것이
몸이 붙은 샴쌍둥인 것이
'밟는다'와 '밟힌다'와의 주체가 처참한 것이
전철이란 오명을 쓰고도 밟는 것이
함께 살아도 독립할 수 없는 것이
뿌리를 내릴 수 없는 것이
떠나지도 못하는 것이
주인공도 못 되면서
평생 도움을 받아야 사는 것이

비와 참새의 퇴고법

새벽 두 시, 창밖에는 소낙비가 쏟아지고 있다
소낙비는 이 늦은 시간에 서재에 들러
그간의 가뭄을 퇴고하고 있는 중이다
더딘 초록을 퇴고하고 있는 중이다
풀꽃의 부진을 퇴고하고 있는 중이다
강물의 수위를 퇴고하고 있는 중이다
황사의 오류를 퇴고하고 있는 중이다
미세먼지의 부당함을 퇴고하고 있는 중이다
밤의 적막을 퇴고하고 있는 중이다
차량의 질주를 퇴고하고 있는 중이다
도둑의 위험성을 퇴고하고 있는 중이다

참새가 나무에 앉을 때 그냥 앉지 않는다
나무가 여기 있으니 비행기는 이쪽으로 비행하지 말아주세요
연이 걸릴 수 있으니 날리지 말아주세요
추돌할 수 있으니 자동차는 이쪽으로 운행하지 말아주세요
짹짹짹, 퇴고의 밑줄을 긋지만 우리는
겨우 참새가 하는 말이니, 무시한다
겨울이 오고 있으니 준비하라는 말
사랑이 떠나려 하니 정성을 다하라는 말
당신이 날로 포악해지고 있으니 뒤돌아보라는 말
잠시 그늘에서 쉬며 자신을 돌아보라는 말인데,
우리는 참새의 퇴고를 무시한 채 오류를 범하고 있다

스커트와 스커드

무릎 위를 한들거리는 샤넬치마를 입은 여자를 보면
나는 사재를 털어서라도 샤넬 백을 사주고 싶다
미니스커트를 입은 여자가 중년의 내게 가당키나 하겠느냐만
내 여자가 가끔 그런 옷을 입어보이며 '어때요'라며 물어봐줬으면 좋겠다
고궁을 거니는 한복치마의 여자가 내 여자였으면 할 때도 있고
종아리만 보여도 내게 그 여자는 지성 있는 여자다
정장차림의 여자가 다리를 외로 겹쳐 앉았을 때
나는 그녀의 다리에서 천국을 느낀다
어릴 적 다리 밑에서 주워왔다고 어른들이 나를 놀렸을 때
나는 아니라고 울면서 발뺌했었다
양쪽에 거울이 붙어있는 장롱에 곱게 들어있던 비단치마저고리는
내게 어머니를 양가집 규수로 각인시켰다
이제야 확실히 알겠다
여자들이여, 제발 바지 좀 입지 마라
나는 치마에 굴복하는 다리 밑의 남자다
여자들이 스커트를 입고 내 앞에 섰을 때
나는 스커드에 공격당한 듯 혼비백산한다

거울

거울이 우리에게 필요한 건
그대로 비쳐주는 현명함 때문이 아니다

거울은 본 대로 말하는 아이지만
이유를 묻지 않는 발전 없는 아이다
거울은 불온을 덮어주지 못하는 경찰이지만
불온의 현장을 덮치지 못하는 무능한 경찰이다

거울은 남을 비춰주면서도
최고의 선(善)인 햇빛을 수용치 못하고 반사하며
아름다움을 방치하여 늙음을 용인하고
결국 사라지라 명하는
자신의 어리석음을 알지 못하지만
끊임없는 절제로 평면을 유지하며
뒷면의 구구절절함을 포용한다

거울 앞에 서는 것은
'잘 났고 못 났고'를 보기 위함이 아니다
먼저 오만한지 불손한지를 이리저리 비추어
자신의 어리석음을 보라

구제역

승객들을 죽이는 역이 있다
잔인한 역무원들이
평화로 여행하는 승객들에게
뾰족한 검표기로 검표를 한다
기차는 세차게 죽음으로 달린다
한번 검표를 마친 역무원들은
또 다른 역을 향해 뚜벅뚜벅 걸어간다
침 흘리는 아이는 칭얼댈 힘마저 잃었고
며칠 째 아무것도 먹지 못한 어미는
게슴츠레한 눈으로 아이들을 바라본다
표 좀 보여주세요
역무원이 뾰족한 말로 승객을 다그친다

구제역에서 하차한 승객들
역전 앞마당에 연좌하고 누웠다

웃

불광동 우리 집 앞에서
지나가던 한 아이가 까르르까르르 웃었다
이를 본 이웃 사람들이 즐거워했다
이웃이란 웃음을 나누는 사이다
상대방이 웃자라게 웃어주자
웃기는 짬뽕이 되지 말고
웃기고 자빠지지 말자
이웃을 기만하지 말고
밝게 웃어주자
나로 하여금 이웃을 미소 짓게 하자
웃음이란 마음의 소리
이웃을 만나면 마음의 소리를 들려주어야 한다
나는 너의 웃
너는 나의 웃
우리는 서로에게 웃어줄 줄 책임이 있는
이웃이니까

싫어 좋아

 그깟 벚꽃 싫어 그깟 벚꽃 싫어 사나흘이면 떨어지고 마는 그깟 벚꽃 싫어
 제비꽃이 좋아 제비꽃이 좋아 두고두고 추억을 이어주는 제비꽃이 좋아
 아니야 벚꽃이 좋아 아니야 벚꽃이 좋아 온 세상을 환하게 밝혀주는 벚이 좋아
 제비꽃이 싫어 제비꽃이 싫어 꽃반지 끼워주고 떠나간 그녀가 싫어

 그깟 철쭉 싫어 그깟 철쭉 싫어 먹지도 못하게 독을 품은 그깟 개꽃 싫어
 진달래가 좋아 진달래가 좋아 그녀의 양볼처럼 부끄러운 참꽃이 좋아
 아니야 철쭉이 좋아 아니야 철쭉이 좋아 허름한 나에게 화사하게 웃어주는 그녀가 좋아
 진달래가 싫어 진달래가 싫어 아무리 기다려도 마음 주지 않는 그녀가 싫어

 그깟 라일락 싫어 그깟 라일락 싫어 향기만 무성하니 요란하게 치장한 여자는 싫어
 아카시아 좋아 아카시아 좋아 순백 드레스 5월의 신부 아카시아 좋아
 아니야 라일락이 좋아 아니야 라일락이 좋아 멀리서도

전파를 보내는 그녀가 좋아
 아카시아 싫어 아카시아 싫어 웃음 뒤로 가시를 숨긴 그런 여자 싫어

 그깟 장미 싫어 그깟 장미 싫어 루즈만 칠한다고 여자더냐 가시 돋친 여자 싫어
 코스모스 좋아 코스모스 좋아 목 빼고 날 기다리는 코스모스 좋아
 아니야 장미가 좋아 아니야 장미가 좋아 피눈물 흘리며 기다려준 그녀가 좋아
 코스모스 싫어 코스모스 싫어 손 흔들며 멀어져가는 그 여자 싫어

 그녀가 싫어 그녀가 싫어 기다려 달라 해놓고 아무리 기다려도 마음 주지 않는 그녀가 싫어
 그녀가 싫어 그녀가 싫어 꽃반지 끼워주고 떠나간 그녀가 싫어
 그래도 그녀가 좋아 그래도 그녀가 좋아 가슴을 아프게 하고 떠나갔지만 그래도 그녀가 좋아
 그녀가 좋아 그녀가 좋아 아직도 내 가슴에 살고 있는 그녀가 좋아

어근에 따른 의미 고찰

쏀나게, 신날 일이 별로 없는 사람들의 몸부림
쉰나게, 쉰을 훨씬 넘긴 사람들의 젊음을 향한 그리움
신나게, 정신 못 차리고 몸을 내맡김
씬나게, 이성이 만나 마구 뒹굶
심나게, 아이 같은 행동에서 벗어나 어른답게 행동함
힘나게, 어려운 처지에 놓였을 때 응원함
쉬나게, 너무 좋아서 오줌을 지림

시나게, 어떤 상황이라도 타개할 수 있는 묘책

편들기

키 큰 사람과 키 작은 사람이 싸우면 누구 편을 들 것인가
키 큰 사람은 정직했고 키 작은 사람은 외도했다
의붓아버지와 딸이 싸우면 누구 편을 들 것인가
의붓아버지는 정직했고 빗나간 딸은 의붓아버지를 모함했다
강도와 집주인이 싸우면 누구 편을 들 것인가
강도는 어설프고 주인은 칼을 들었다
경찰관과 도로교통법을 어긴 사람 누구 편을 들 것인가
경찰관은 과격했고 도로교통법을 어긴 그는 선한 시민이다
남자와 여자가 싸우면 누구의 편을 들 것인가
남자는 바람난 여자와 싸우는 중이다

풀꽃의 편을 들어 꽃밭을 망칠 것인가
토끼의 편을 들어 콩밭을 망칠 것인가
태양의 편을 들어 만년설을 녹일 것인가
구름의 편을 들어 밝음을 가릴 것인가
회초리 들어야 참된 교육이 된다고 말하지 말자
역성 들어준 자식은 버릇이 없다고 말하지 말자
작은 자 악할 수 있고 힘 센 자 선할 수 있으며
예쁜 꽃이 독 될 수 있고 풀꽃이 약일 수 있다
약자의 편을 들어야 한다고 자의적으로 말하지 마라
선의를 앞세우며 정의를 가리지 마라

무신 꽃 설화

전라도 시골길을 행차하던 상감이 물었다
저기 저 꽃이 무슨 꽃인고
아는 척 하기 좋아하는 한 문신이 나서서 말했다
순서 없이 피어나는 무순 꽃이라 하옵니다
무신이 나와서 문신의 말을 가로챘다
네 이놈 감히 어느 안전이라고 나랏님을 능멸하려 드느냐
상감이 말했다
내 그것을 아무리 보아도 무순 꽃은 아니로다
머리를 조아리고 있는 한 백성에게 상감이 물었다
고개를 들라, 저 꽃이 무슨 꽃인지 아느냐
황공하옵니다만 거 무시기냐
백성이 말을 더듬었다
어허 무엄하도다 그럼 너는 저 꽃이 시기도 없이 핀다는 말이냐
무신이 앞을 막아 나서며 말했다
시방 무신 소리 하는 거야, 화가 난 상감이 말했다
아는 척 하던 무신은 제 칼에 죽고
그 자리에 이름 모를 꽃이 피어났다
그때부터 사람들은 꽃 이름을 모를 때
무신 꽃이냐 묻게 되었다

※ 정원도 시인의 꽃마리꽃 사진을 보고

구리 구리

아침바람 찬바람에 편지 한 장 씁니다
한 장 말고 두 장 썼습니다
두 장 말고 세 장 썼습니다
세 장 말고 네 장 썼습니다
네 장 말고 다섯 장 썼습니다
다섯 장 말고 여섯 장 썼습니다
여섯 장 말고 일곱 장 썼습니다
일곱 장 말고 여덟 장 썼습니다
여덟 장 말고 아홉 장 썼습니다
아홉 장 말고 열 장 썼습니다

누가 볼까 사랑편지 아홉 장을 둘둘 말아 가슴에 넣고
당신에게 한 장만 기러기 편에 부쳤습니다
그 기러기 구리 구리 날아갑니다
지금쯤 구리시 위를 날아가고 있는 모양입니다

열세 가지 복

술 마시는 자는 복이 있나니
술 따르는 자는 복이 있나니
술안주 만드는 자는 복이 있나니
술안주 먹여주는 자는 복이 있나니
술값 내는 자는 복이 있나니
술 취하는 자는 복이 있나니
2차 쏘는 자는 진실로 복이 있나니
술도 안마시며 끝까지 함께 하는 자는 복이 있나니
노래방 쏘는 자여, 그대는 주님의 진질된 자녀라
그만 먹고 집에 가자는 자는 주님의 목자라
대리운전 부르는 자여 네가 진실로 주님 마음을 아느니
택시 태워 보내주는 자여 천국사람들 마음이 그러할 지라
이튿날 해장국 사주는 자여 천국을 예약하리니

온 세상이 너희들 것이니라
酒여, 당신의 은혜와 능력을 믿사옵나이다

- 윤동주의 시「팔복」을 패러디하다

까닭

그가 꼬끼오 올 때
우리는 무슨 연유인가에 어리둥절하지 말아야 한다
밤새 어둠 속에서 까다로운 암호를 풀어내고야
저 닭은 새벽을 운다
세상에는 까닭 없이 우는 닭도
까닭 없이 우는 사람도 없다
온 가족을 깨워 일해야 하는 이유를
나팔처럼 불어주는 그에게 우리는 이유를 묻지 않는다
만삭의 몸으로도 횃대를 뛰어올라 뜨거운 알을 선물하며
어서 식기 전에 드시라는 저 당당한 희생을 보리
내 배가 고프지 않으면 우는 아이에게 젖을 주지 않는
망각의 인간에게 내리는 불호령이 들린다
좌절을 맛 본 뒤 비로소 승리의 환호성을 지를 수 있는 것
꾀병이든 엄살이든 모두 병이니 감싸고 치료해주라는
어느 병원장의 치료방침은 지극히 타당한 것
아이가 학교에 가지 않겠다고 할 때
윽박지르지 말고 용돈을 주어라
가장이 직장을 그만두고 싶다 말할 때
어떻게 하려고 그러느냐 굶어죽으려 하느냐 따지지 말자
그동안 우리 가족을 위해 아니꼬운 직장에 다니느라
정말 수고했다며 함께 재충전의 여행을 떠나라
저 닭은 고투리를 달고 울지만
그런 연유에서 오늘 아침은 밝는다

독립문과 식민지

연신내 근처에 사는 나는
3호선을 타고 자주 독립문을 지난다
쌍방울과 독립문의 경계는
젊은 우리에게 참을 수 없는 이데올로기였다
나는 단 한 번의 독립을 주장하다 식민지가 되었고
그녀는 단 한 번의 쌍방울을 흔들려다가 독립을 포기했다
결국 우리 둘 다 독립하지 못한 채 삼십 년을 살았다
백일섭의 졸혼이 부럽다
우리는 그 숭고한 독립을 기다리기 위해
또다시 수십 년의 식민지생활을 죽은 듯 살아내야 한다

오늘도 데라우찌 총독을 피해 퇴근길에 술 한 잔 걸치고
"청산 속에 묻힌 옥도 갈아야만 광채나네
낙락장송 큰 나무도 깎아야만 동량되네…*"
자정을 넘겨 학도가를 부르며 모처럼의 독립을 누린다

---

* 학도가 중 일부 : 청산 속에 묻힌 옥도 갈아야만 광채나네 / 낙낙장송 큰 나무도 깎아야만 동량되네 / 학도야 학도야 청년학도야 / 너의 직분 잊지마라 / 새벽달은 넘어가고 東天朝日 비쳐온다

칼로 물 베기

칼로 물을 베었을 때
물은 깊이 상처를 받는다
칼로 물을 베었을 때
물은 물의 피를 솟구치며 운다
부부싸움은 칼로 물 베기라는 얼토당토않은
기가 막히는 비유에 물은 혀를 끌끌 찬다
세상에 칼로 찔리고 싶은 자 어디 있을까
칼로 물을 베는 순간
그 사람은 강도나 폭력배가 되는 걸 사람들은 모른다
칼로 물을 벤다는 것은
계란으로 바위치기보다 더 나쁜 범죄다
가슴 깊이 비수를 꽂는다는 것을 어찌
계란으로 바위치기에 비하랴

나는 비수 같은 말로 타인의 가슴을 찌른 적 있다
그는 교도소보다 더 심한 구속을 당해서
세상을 끝낼 사람처럼 덤벼들었다
칼로 무엇을 베어서는 안 되듯
말로 주는 상처가 가장 아프다

노란

 오늘 아침 걸어서 출근하는 길에 수없이 많은 노란 꽃을 만났다 그들은 내게 옐로우 카드를 내밀었으나 나는 정작 퇴장당할 위기에 놓여있음을 몰랐다

 나는 노동보다 우위에 있다는 터무니없는 예술지상주의를 펼치며 그간 내가 건 태클에 대하여 정당하다고 생각했다 꽃의 아름다움과 열매의 감사함에 대한 논리는 나의 태클에 걸려 꽃의 폭력과 열매의 떫음으로 진술되었다 슬픔을 잔뜩 마셔야 아름다움을 생산할 수 있다는 논리로 家計를 등한시했고 허리띠를 졸라매며 책 사는 일로 일괄했다 시를 쓰면 밥이 나오느냐 돈이 나오느냐는 질문에 밥 먹기 위해 사느냐 돈 벌기 위해 사느냐 얼버무렸다

 그러나 오늘 아침에 본 노란 꽃에게 老란 없는 듯 보였다 그들은 지나가는 겨울바람을 꺾어 꿈의 울타리를 세웠고 지나가는 물길을 돌려 하늘로 길어 올리며 미의 호수를 채웠다 그들의 노란 색깔은 한눈팔지도 곁눈질하지도 않은 勞란 결과다 단 한 번도 자신들이 늙어 죽는다는 老란 걱정은 하지 않았고 스스로를 작은 꽃이나 쓸모없는 꽃이라며 원망하거나 怒하지도 않았다

 오늘 내가 본 그들은 긍정의 사도였다 그들의 사전에 결코 No란 존재하지 않는 것 같다 밀려오는 태풍에 대하

여 쏟아지는 소나기에 대하여 얼어붙는 겨울에 대하여 뜨거운 볕에 대하여 그늘은 순응했다

이제 나에게 있어 노란, 路의 의미다 No하지 않으면 怒하지 않으며 老한 생각을 않겠다 努할 것이며 勞할 것이며 路로 삼겠다

밀어주세요

녹번역 5번 출구 데크 옆
만화도서관 문짝에 쓰여 있는 말
밀어주세요
세상에나
그동안 우리들이 얼마나 화를 내며 살았으면
얼마나 큰소리치며 살았으면
저런 말을 써 놓았을까
이리 와보세요
귀 좀 빌려주세요
멋지세요 예쁘세요 아름다우세요
밀어(密語)드리고 싶다
저 도서관에 들어가면 만화 같은 일이 생길 거야
우랑바리나바람 뺏따라까뿌라니아
으랏찻차차 커져라 얍
손오공이 주문을 외우며 바꾸고 싶은 세상은
정의에 대한 도전이 아니었을 거야
진리에 대한 도전이 아니었을 거야
밤마다 별을 가슴에 들여놓으며
조곤조곤 속삭여 달라는 주문이었을 거야
密語주세요
속삭이지는 않더라도 제발
고함치지 말아주세요

윽박지르지 말아주세요
한참 동안 상상 속에 빠져 있는데
누가 불이 났다고 신고를 했나 보다
소방차가 웽웽거리며 출동하고 있다
하나님 제발 부탁인데요
서민들 놀라는 일 좀 못하게 말려주세요
차근차근 살다보면 좋은 일이 온다며 密語주세요
제발 마른하늘에 날벼락 치는 일은 삼가주세요

열無김치에

열무김치에 밥을 먹으면 한 가지 반찬이라도
우선 반찬걱정이 없어진다
고추장 한 숟갈 넣은 보리밥을 쓱쓱 비비면
조갈처럼 일던 십년 허기가 없어진다
부추전 몇 장 구워 곁들이면
아등바등 사는 걱정이 없어진다
막걸리 한 사발 쭈욱 마시며 한 입 물고
옷소매로 입을 훔치면 일체의 그리움이 잊힌다
국수를 말아 훌훌 들이켜면
상감 부럽지 않아 열 가지 걱정이 없어진다

열무김치 국물에 찬밥 한 그릇 말았더니
압 안으로 종달새 노래가 퍼지네
버들피리 불며 새둥지 찾던 소년이
들쩍지근한 논두렁 뻴기를 질겅질겅 씹고 있네
아, 가진 것 없어도 걱정 없었던
길 없는 길이 된 유년의 길
두레박 우물에 매달아 놓던 열무김치는
꿈을 재생하는 아이스크림이었네

금방 뽑아 쓱쓱 버무리던 어머니의 열무겉절이
나는 여전히 당신에게 절여진 품안의 자식인데
어머니 당신은 어디 계시나요

이제 저는 열 가지 걱정을 덜어 살만한데
귀밑머리는 열무뿌리처럼 희고
아직도 이상은 무청처럼 푸른데
열 낼 일도 열 받을 일도 없이
열무김치처럼 어울리고 싶은데

파리와 모기

파리와 모기는 친구가 아니지만
그렇다고 파리와 모기는 서로 적군도 아니다
그런데 사람들은 파리와 모기를
같은 부류로 취급해버린다
평생 남의 눈칫밥을 먹어야만 하는 파리
차라리 안 보이는 밤에 몰래 빨대를 꽂는 모기
상사의 꾸지람이나 눈칫밥을 먹어야 하는
밤새 철로를 고치거나 야근을 해야만 하는
사람살이와 무에 다를까
파리는 프랑스에 다녀온 적 없다
모기도 묘기대행진에 나간 적 없다
파리는 맛있는 음식을 많이 먹어보았다
그렇지만 모기는 한 가지 음식만 먹고 산다
모기는 마치 묘기대행진에 나갔던 것처럼
저공비행으로 날아 적의 귓전을 울리지만
파리는 조금 먹으려다 배를 채우지도 못한 채
잘못했다고 싹싹 빈다
목구멍이 포도청인 건 그들이나 우리나 매한가지
파리를 박멸하자는 파리조약을 파리는 허용할 수 없다
모기는 모기만한 소리를 내지만
내가 간다, 며 엄청난 고함을 지르고 있는 것이다

母岳재를 넘으며

나는 날마다 無惡재를 넘는다
그래서일까 언제부터인가
내 삶에 악재들이 하나 둘 사라지기 시작했다
나를 군림하던 시성은 더욱 견고해지고
나를 옭매던 돈 걱정도 떠나갔다
아 이제 나는 버그 없는 세상에서 살 수 있겠구나 싶었다
그러나 내게 더 큰 고통이 찾아오고 있었다
사랑이라는 이 형용할 수 없는 고통
시작하지 말아야 한다는 나의 강요에도
그녀는 결국 내 가슴에 집을 짓고 들어앉았다
대신 무악재는 내 나이의 버그를 말살해주었다
이제 나는 그녀 앞에 소인배
피그미족 백성이다

떼어 붙이기

사람은 시간을 떼어 이마에 붙이고
꽃들은 시간을 떼어 열매에 붙인다
하늘은 시간을 떼어 나무에 붙이고
구름은 시간을 떼어 하늘에 붙인다
빗물은 시간을 떼어 나무에 붙이고
나무는 시간을 떼어 기둥에 붙인다
열매는 시간을 떼어 바람에 붙이고
바람은 시간을 떼어 바위에 붙인다
바다는 시간을 떼어 파도에 붙이고
강물은 시간을 떼어 바다에 붙인다
태산은 시간을 떼어 계곡에 붙이고
계곡은 시간을 떼어 시내에 붙인다
아버진 시간을 떼어 나에게 붙이고
나는야 시간은 떼어 아들에 붙인다
여자는 시간을 떼어 화장에 붙이고
남자는 시간을 떼어 명예에 붙인다
농부는 시간을 떼어 농토에 붙이고
땅들은 시간을 떼어 새싹에 붙인다
계절은 시간을 떼어 약속에 붙이고
약속은 시간을 떼어 신의에 붙인다
과거는 시간을 떼어 오늘에 붙이고
오늘은 시간을 떼어 미래에 붙인다
기다림 시간을 떼에 사랑에 붙이고
사랑은 시간을 떼어 만남에 붙인다

나무에 관한 상상

나무는 南우다
남쪽으로 가지를 뻗는다
나무는 男우다
남자의 기상을 뻗친다
나무는 남優다
낙엽을 모두 떨구어도
전혀 襤루하지 않다

나무는 열매를 생산하지만
결국 자기가 먹는 게 아니므로 나無다
나무는 칼자루나
총대로 쓰이므로 나武다
나무는 누구의 장단에 흔들리지 않고
스스로 춤추는 나舞다
나무는 온갖 비바람에 견디면서
스스로를 위해 일하는 나務다

그러나 나무는
남 아래 굴복하지 않으며
남 위에 군림하지 않는다

빵 드이소

빵가게 앞에 배가
빵빵한 사람이
빵빵한 차를 몰고 와 클랙슨을
빵빵 울리며 반말로
빵 좀 줘 하며
빵을 사려 하니 안에 있던
빵 장사가 화가 나
빵을 집어 던지며 너 같이 매너가
빵인 넘한테는
빵이 썩어나가도
빵 안 판다 이
빵 점 넘아 하드래요, 나 같음 그넘 얼굴에
빵을 확 뭉개뿐다
빵가게를 문 닫고 다신
빵 구경을 몬하는 한 있더라도…
빵이 뭔 죄 있나요, 나 어려서는
빵에 깔려 죽도록
빵이 먹고 싶었던 시절도 있었고
빵가게에서 여학생을 만나던 시절도 있었는데
빵가게 로맨스는 어디로 가고, 눈물 젖은
빵을 먹어보지 못한 사람은 인생을 논하지 말라고?
빵은 인류의 가장 큰 선물이요,
빵 중에는 엄마가 팥 넣고 쪄 주시던 막걸리

빵이 최고더라, 나는
빵 하면 말려서 딱딱한
빵을 좋아하고 팔뚝 같은 빠게트
빵도 좋아하는데 배고프시면
빵 하나 드이소, 내가 드리는
빵은 다름이 아니고 건
빵이라예…
빵빠라 빵빵 빵빵!

초등학교 3학년 때 엄마는 살기가 너무 어려워 조성구 담임선생님을 찾아가셨다 두 분은 서로 몇 시간 울며 이야기를 나누고, 선생님은 빵 50여개를 보자기에 싸주셨다. 그 후 5년 만에 엄마는 돌아가시고 조성구 선생님은 학교에서 그만두셨다 조성구 선생님이 돌아가시기 전에 찾아서 맛있는 빵도 사드리고 그때 감사했다고 엄마 대신 절을 드리고 싶은 마음 간절하다

달팽이

달은 팽이다
이울어 죽을 듯 죽을 듯하다가도
도로 일어나 돈다
달팽이가 제 집을 찾아갈 때까지
달팽이가 달팽이관(觀)을 확립할 때까지
달은 팽이로 돈다
달이 서랍에 든 한 낮에도
달은 돌기 위해 주문을 외운다
나는 돌고 도는 쳇바퀴 같은 인생에
달팽이가 되어 달을 돈다
기어가는 것이 도는 것이란 학설은
코페르니쿠스도 갈릴레이 갈릴레오도 발견치 못햇다
달팽이는 스스로 껍데기를 말아 올려 종횡으로 자전한다
달팽이더러 더 이상 돈다거나
어지럽다고 말하는 것은
서랍에 든 팽이와 채찍을 망각하는 처사다
달팽이는 스스로 채찍을 가하며 죽지 않는다
달과 팽이는 모두 사선으로 도는 팽이
나는 오늘도 삶의 사선을 돌고 있다

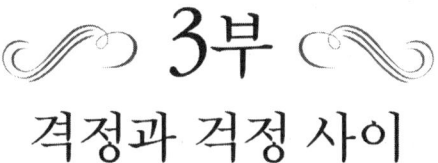

3부
격정과 걱정 사이

손

연초에 토정비결을 봤다
유월에 손이 태어날 수라 했다
과년한 자식들은 아직 결혼을 꿈조차 꾸지 않는다
구월에는 손재수가 있으니 조심하라고 했다
원래 가진 게 없어 그런지 모르고 지나갔다
나는 지금 손이 열 개라도 모자랄 지경으로 바쁘지만
손으로 헤아릴 수 없을 만큼 돈을 벌어보지 못했다
손꼽아 기다릴 사랑도 없다
가끔 삐걱거리는 나무 벤치를 손보며 풍경을 흠모할지라도
이제 내가 이 시업에서 손 떼기란 쉽지 않다
모든 것은 내 손에 달렸다
손윗사람을 공경하거나 손아랫사람을 배려하느니
차라리 난해 시를 존경하며 순수 시에 무릎 꿇는다
내겐 시를 손보는 일이 밥 먹는 일보다 다급하다
돈을 많이 벌어 손이 크다는 소리를 들으며 펑펑 쓰고 싶기도 하다
그러나 내겐 마냥 손해만 보는 일 같은 시쓰기가
자손만대 떵떵거리며 사는 일이란 걸 너무나 잘 안다
오늘 밤도 시린 손을 호호 불며 시 한 편 완성해놓고
두 손을 치켜든다, 시인 만세

매미와 양말

7년 만에 약속이 돼
만나기로 한 사람에게 카톡이 왔다
조금 늦을 것 같은데 어쩌지요
7년을 기다려 우는 매미를 생각한다
기다려서 오기만 한다면이야
차가 끊기고 내일이 와도 좋겠다
여름 같이 푸른 날을 예약할 수 있다면이야
칠흑의 어둠이 와도 좋겠다
목청껏 젊음을 필사하는 사람을 만난다면이야
좀 허기가 져도 좋겠다
기다리는 동안 안국역 6번 출구로 나와
무수히 많은 양말을 쌓아놓고 파는 양말 장사를 본다
생의 길을 열어주는 양말이 다섯 켤레에 오천 원
수천 킬로를 달려갈 양 말도 탔겠다

오늘은 두 마리의 말을 타고
아직 가보지 못한 그녀의 땅을 달리고 싶다

나는 시나브로 농사꾼이다

사람들이 나를 투기꾼으로 볼 런지 걱정이다
나는 나만의 땅을 쉴 새 없이 사들인다
나는 손톱에 흙 빠질 여가 없는 바쁜 농부다
나의 땅에는 시나브로 시싹이 터, 시가 자라고
시꽃이 피며 시열매가 열리고 또 시씨를 뿌린다
나의 땅에는 시나브로 손님이 오고
사람들은 시나브로 내 시를 얻어간다
외상을 달라는 사람이 있고
그냥 달라는 사람도 있다
그러면 나는 주인이 아닌 것처럼
모른 체 하면서, 맘대로 따가슈!
돈 같은 건 안 받는답디다, 시나브로 딴청을 부린다
남들은 내 시가 맛 들었다하고 익어간다 하는데
난 이놈의 시농사를 아무리 지어도
최상의 상품을 만든 적 없어
시품평회 한 번 내지 못하고
그저 차를 타고 지나는 이에게
몇 알의 참외처럼 시나브로 바구니를 선보인다
그래도 좋다
아버지가 참외를 심으실 때
나눠먹으려고 지었지 팔려고 지은 것이 아니듯이
나도 시농사를 지을 때 팔려고 짓는 것은 아니다
나는 시나브로 툇마루에 걸터앉아서

쪼가리짠지 나무젓가락에 꿰어 물 말은 밥을 먹다가
내 농토에서 불어오는 시향에 취해
새우잠이 들지라도 시나브로 고래 꿈을 꾼다
형형색색 추억을 아로새길 수 있는 땅
내 맘대로 집을 지었다 부쉈다 하며
혼자 놀아도 너무나 재미있는 땅
고래고래 소리를 질러도 쫓아내는 이 없는 땅
사글세 사무실의 시나브로 밀리는 사글세에
아내에게 돈 몇 십만 원 가져단준 적이 언젠지 모른다
그러기에 나는 아내 볼 면목이 없어 시나브로 설거지하고
시나브로 아이들 밥 챙겨 먹일 땐
살맛이 안 나기도 하지만 그때마다 나는
사글세 없고 쫓겨나지 않을 내 시의 영토에
수없이 많은 사글세를 놓는 꿈에 부풀어
백만 스물하나 백만 스물둘
어느 건전지광고의 팔굽혀펴기처럼
불끈불끈 시나브로 힘이 솟는다
사람들은 내가 옷이나 말쑥이 입고
그저 저 사람이 시를 쓰니까
저 사람이 먹고 살만 하거니 하며
나를 팔자 좋은 사람이라 말하지
난 역시 팔자 좋은 사람이다
돈도 안 나오고 먹지도 못하는 시를
시나브로 쓰고 읽으면서
좋은 시 한 수 쓰면
밥 안 먹어도 배가 부르고

좋은 시 한 수 만나면 온종일 싱글벙글하니
내 영토는 얼마나 비옥한가
예전의 영토에는 추억과 바람만이 시나브로 자랐지만
이제 내 영토에는 희망고래와 코끼리가 자라고
재크의 콩나무처럼 하늘로 뻗칠 만큼의
시씨앗도 심어두었기에
나는 영원히 그 나무를 오르내리며
하늘의 땅마저 사서 경작할 것이다
내 영토에는 새참과 막걸리가 시나브로 떨어지지 않고
나는 남까지 해를 주는 담배농사 따윈 짓지 않으며
몰래 내게 맞지도 않는 양귀비를 약이라며 한두 대 심어
내 영토를 더럽히지 않겠다
나의 농사법은 누구나 다 아는 뿌린 대로 거두기,
소의 가려운 곳을 긁어주는 긁쟁이처럼
쇠스랑으로 시나브로 땅을 뒤엎고
줄뿌리기로 두둑 만들어 싱겁지만 매운 조선무를 심거나
가끔 흩부리기로 고랑 없이 사철 푸른 시금치를 심어
농사가 잘 되거나 안 되거나
불평치 않고 수확하여 나를 아는 모든 이들과
시나브로 나눠먹으련다

여러분, 제 시 잡수시러 시나브로 오세요
돈은 안 받습니다

파먹다

파를 싫어하는 여동생*
억지로 파를 먹이려고
숟가락으로 밥을 파 파를 묻어놓았다
웃음을 참지 못하는 오빠들의 눈치에
여동생은 밥을 야금야금 파먹는다
누가 밥을 그렇게 파먹는대?
웃음을 참으며 야단을 치는 큰오라비
밥을 파먹다가 파가 나왔다
파 먹어
파 안 먹어
내 이럴 줄 알고 파먹은 거야

파를 먹이려던 40년 전 추억이
나를 파먹고 있다

---

* 여동생 김정숙

질주

출근하려다 말고
목마름으로 질주하고 있는 꽃과 채소에 물을 준다
수도꼭지를 틀자 물의 질주로 고무호스가 팽팽해진다

깻잎이 향기의 뼘을 늘리기 위한
고추가 소외의 매움을 늘리기 위한
상추가 고기의 부드러움을 늘리기 위한
해바라기가 성장의 비결을 늘리기 위한
방울토마토가 타원형 기쁨을 늘리기 위한
나팔꽃이 꼬임의 타당성을 늘리기 위한
게발선인장이 비폭력의 당위성을 늘리기 위한
소심 동양란이 한의 내포성을 늘리기 위한
쾌속질주 사이로

통제의 공간을 질주해온 북한강물이
분수처럼 뻗친다

순간 선명히 드러난 해의 질주
무지개가 선명하다

간척지 간첩질

서정주문학관 옥상에 올라가
너른 들을 바라본다
멀리 물 나간 개펄이 보인다
바다를 막아 개간한 간척지에는 벼가 누렇다
문화관광해설사는 서정주가 시인이 될 수밖에 없었던 환경이라 역설한다
약간의 용돈을 벌며
미당을 미화하려는 미완의 당신을
동천(冬天)처럼 인정할 수 없어 화가 난다
간을 바꾸어 일제에게 빌붙으려 했던 미당
전두환한테까지 간을 내주며
간을 배 밖으로 내놓고 산 미당
바다는 그렇게 가르치지 않았을 테지

간척지에서 간첩질이 떠오르는 것은
무슨 이유일까

유치 찬란

젊은 시절 영락중학교 운동장에서
예비군 비상소집훈련을 받았다
그때 교관 왈
은평구에는 변변한 대학 하나 없고
변변한 공장 하나 없고
변변한 공연장 하나 없는 동네라고 폄하했다
나는 은평에 25년 동안 살면서
변두리 은평을 실감하고 살았다
장마만 지면 불광천물이 역류해 수많은 가옥이 침수되고
한 바구니 삼천 원짜리 망가진 과일과
썩어가는 생선이 잘 팔리는 유치한 동네였다

그런데 이번에 은평구가 국립한국문학관을 유치했다
지난 몇 년 동안 유치활동을 벌이면서
수많은 문인과 예술가들이 살았던 동네인 줄을 알게 되었다
살림살이는 유치하지만 이상만은 찬란한 동네
천정을 별무늬 벽지로 바르고 벽을 계단으로 바른 동네였지만
우리 동네 사람들은 구름무늬벽지로 꿈의 천정을 바르고
부지런한 발자국을 벽지로 바르며 살고 있었던 것이다
이제 국립한국문학관의 유치로
유치했던 살림살이를 마감하고
세계 속의 찬란한 한국문학의 메카를 꿈꾼다

산과 우리

산은 우리에게 젖을 물리고
열매를 먹이며 어깨를 두드려 격려하지만

때로 산은 우리의 물병을 빼앗고
어깨를 누르며 어서 돌아가라 쫓기도 하지

산은 진실로 아낄 때 유순하며
함부로 대할 때 무섭게 화를 내지

오르는 것만이 등산은 아니지
등산은 무사히 빈손으로 돌아가는 것

산에게 받으려고만 한 우리가
산에게 무엇을 드렸던가

우리가 산에게 드릴 것은
오직 감사요 순응이다

왜곡

초등학교 6학년 때
부잣집 아이가 학교에서 시계를 잃어버렸다고
교무실로 가서 선생님께 일러바쳤다
교실에 들어온 선생님은 우리들을 윽박질렀다

모두들 책상 위로 올라가 눈 감고 손들어
누군지 다 알고 있다
정말 안 나올 거지
선생님이 잡아내면 그땐 죽는다
솔직하게 말하면 용서해주겠다

나는 선생님 왜 저러시는지 무섭기만 하다
나는 오금이 저려서 그만 살짝 손을 들었다
아이들은 모두들 책상에서 내려와 집으로 가고
나는 교무실에 가서 이유도 모르는 채
봉걸레자루로 빠따 열 대를 맞았다

너 그 시계 어디다 놨어
무 무슨 시계요
너 아까 네가 훔쳐갔다고 손들었잖아
저 어제 하굣길에 남의 밭에서 무 한 개 뽑아먹었는데
선생님께서 다 아신다며 용서해주신다 해서
손 들은 건데요

제주 4.3사건 또는 토끼

개만도 못한 놈들이
순한 토끼들을 승냥이처럼 먹어치웠다
입에 흐르는 피를 씻지도 않고
아무렇지도 않게 오십 년이 흘렀다
폭도로 낙인찍혀 죄인처럼 산 유족들
아직도 폭도의 누명을 쓴 뼈다귀들이 흥건한데도
제주특별관광자치도라며 아무렇지도 않게 관광을 한다
그래, 5.18광주 민주화운동이나 용산철거민사건을 봐
언제든지 한 삼만 명쯤은 죽일 준비가 된 권력
대여섯 죽인 게 대수롭기나 할까
박근혜정부는 촛불시위에 참가한
1,842개의 민간단체에 지원금을 안 준다잖아
민중의 입을 틀어막으려 하지 마라
조지오웰은 잠수함의 압력에서
가장 먼저 소리 지르는 게 토끼라 했다
어떤 경우든 민중은 압력에 굴하지 않는다는 걸 알아야
권력이 지속된다는 걸 아느냐
권력이란 억압 위에 세워지는 모래성이고
자유란 민심 위에 세워지는 철옹성인 걸

스펀지

나는 식성이 꽤 까다로운 편이었다
우아한 소파로 태어나
아름다운 사람의 등을 껴안고 싶었다
그런데 사람들은 1급수면 좋으련만
세찻물과 설거지물만 먹인다
그들의 실수를 말끔히 지우며
엎질러진 물을 가장 잘 먹는 나를
움켜쥐고 비틀어 짜도
짜증 한 번 내지 않고
아무 일 없다는 듯 인상 펴고
그들을 위해 웃어주었다

지금 내가 가장 하고픈 일은
부처처럼 굶고
아름다운 세상을 바라볼 일이다

시(詩)

그녀의 몸에는 뽀송한 설탕가루가 묻어 있고
나는 그녀를 꽃술처럼 드나든다
처음 그녀의 정원은 겨울나무였으나
차츰 그녀의 옷에는 봄이 도래하고
이제 그녀의 향기는 풀꽃으로 벙글어
나의 왕래를 용인한다
처음 나는 막 동면에서 깨어나 벌통 앞을 기는 벌이었으나
차츰 나는 그녀의 입맛을 위해 하트를 그리며 비행하였고
이제 나는 어깨에 꿀단지를 메고 당당히 비행한다
그녀의 꽃술에서 끈적한 타액이 흐름을 발견한 나는
더더욱 잦은 비행으로 꿀 따러 간다
나는 시나브로 그녀의 입술에 침을 꽂는 수고로움으로 영광 돌린다
모르는 사이에 그녀의 씨방은 시나브로 영글고
그녀의 씨앗이 온 대지를 풀꽃밭으로 만들 것이다

아, 이제 그녀는 나를 '에르네스토 체 게바라'라는
최상급의 스위트미트(sweetmeat) 언어로 불러댄다

들꽃을 꺾어주고 싶은 사람

별 말 아니라도 재미있게 들어줄 사람이 어디 없을까
그런 작은 소망을 담고 살았다
그냥 마주 앉아 차 한 잔 마시고 싶은 사람이 있었으면
바쁜 일상에도 속으로부터 그런 생각이 싹터 있었다
시시콜콜 일상사를 이야기하며 마주앉아 밥 먹고 싶은
그런 사람이 있으면 좋겠다 생각했다
시골서 자란 이야기며 젊은 시절 고생한 이야기
내 가슴 속 허한 이야기 들어줄 사람
꽃반지도 만들어주고 풀시계도 채워주고
시골길을 걷고 싶은 사람
아카시아 잎 따기 가위바위보로 계단을 내려오며
안 보는 사이에 몰래 두 칸을 내려서다 걸려 함께 웃고 싶은 사람
강아지풀 개망초꽃 엉겅퀴 달개비꽃을 어림없이 섞어
수수한 들꽃 한 아름 꺾어주고 싶은 사람
마음방 하나 만들어 그 안에 감춰두고
몰래몰래 드나들고 싶은 사람
그냥 내 시를 읽어주기만 해도 좋은 사람이 있었으면 좋겠다
오랫동안 그런 생각을 했다

예를 갖추다

아무것도 알아차리지 못한 내가
아무것도 해놓은 것 없는 내가
아무것도 할 줄 모르는 내가
그런 내가
이제 와서 내가
이제라도 내가
천륜을 거역하지 않고 목숨을 부지하는 것은
하늘에 대한 최소한의 예의라
누구를 나무라고 누구를 평가하리
특별한 깨달음이 없을 지라도
글줄나부랭이라도 끼적거리는 일은
인간으로 태어난 최소한의 예의
이제 내가 마지막으로 예를 갖춰야 할 일은
남에게 누가 되지 않도록
나를 채찍질해 추스를 수밖에

詩에게

이보시오 시 낭자
내 언어가 홍조를 띠었소
내 언어의 근육이 불끈하오
내 언어가 '왕의 남자'요?
다만 언어의 땅을 열심히 경작할 뿐
내 언어는 당신을 유린하지 않소
이제부터 내 언어의 땅에서는
무엇을 수확해도 좋으리
내 언어의 땅은 여전히 척박하오
돌밭이거나 메마르거나 비탈임에
멍에를 혼자 메기엔 너무나 벅차다오
나는 구지*를 쓴 채 호리로 갈아왔으나
늘 겨리면 좋겠다는 생각을 했소
밭을 갈다가 바위에 보습이 부러진다 해도
발뒤꿈치로 눌러 콩을 놓고
괭이로 파 옥수수 놓으면 되지
때로 감자를 심고 때로 수수와 조를 뿌려
감자부꾸미 수수망셍이 조밥깡뎅이를 먹어도
싫다하며 봇짐 싸지 않으려오
밭가엔 돌나물이 ㄲ적ㄲ적 담장을 붓질하고
고사리 으아리 꿩의다리 꽤나 돋는다오
낮이면 다북쑥 발 엮어 나물 널고

---

* 부림소의 입마개

밤이면 그대와 멍석에 나란히 누워
어릴 적 세던 별 마저 셀까
보리밥 무밥 옥수수대낀밥
올챙이국수 메밀전병 쑥버무리
한 평생 그렇게만 먹어야 한대도 괜찮겠소
철마다 귓가에 꽃핀을 바꿔 꿰며
떡갈잎모자에 시시때때 꽃목걸이
밤으론 목에다 별을 걸어주리다
해마다 눈 내리면 당신께 면사포를 씌우리니
여보시오 詩娘子! 내 손을 잡아주겠소
그럼 좋시다 손을 내오
제비꽃반지에 토끼풀시계
이것이 내 패물이오

1980, 귀

그해 봄
나의 귀는 지극한 동상에 걸려
극심한 통증에 시달렸다
수시로 한랭전선을 드나들었던 나의 귀
5공의 문고리를 틀어쥐었다가
덜컥 들러붙어 살점이 떨어졌다
학생과 정의를 오간 나의 귀 사이에는
굴곡 깊은 크레바스가 생겼다
내 귀는 동토의 산을 헤매고 다녔다

길을 잃은 나의 귀는 조지오웰을 만나기 위해
세종문화회관에 갔다
그는 잠수함의 압력시험을 위해
토끼를 가지고 들어간다고 했다
수압이 강해질수록 토끼는 소리를 지른다는 그의 말에
귀의 동상은 치유되는 듯 했다
그날 귀빈석에 앉은 전두환은 무슨 말인지 모르고 박수를 쳤다

달은

안 뜨면 보고 싶고
떠도 애틋하고
뜨고도 흐리면 서운하고
떠서 너무 밝으면 싱숭생숭하고
말 좀 붙이려면 구름 속에 숨고
말 안 붙이고 바라만 봐도 그립고
오래도록 떠있으면 어서 날이 밝았으면 좋겠고
밝으려하면 일할 생각에 겁이 나고
무관심하려 해도 나만 쳐다보는 것 같고
사랑하고 싶은데 제 집에 간다 하고
누워있으면 생각나고
나가서 바라보고 있자니 청승맞고
늦게 뜨면 어둠침침해 열 받고,
일찍 뜨면 괜히 술이나 먹고 싶다

성인교육

이동중학교 동창회 밴드에서 친구와 무슨 농담 끝에
나를 보고 무슨 강의를 밤에 하느냐 묻고
다른 친구가 덧글로 끼어들며 성인교육이란다

그래 성인교육 좀 하고 싶다
예수 석가모니 공자 소크라테스
모두 모아놓고 교육 좀 시키고 싶다
인간사 소소한 일에 끼어들지 좀 말고
제발 꺼져달라고 일장 훈시하고 싶다
우리에게 스승은 바람만으로도 족하다고
눈비 올 땐 밑줄을 그어 익힌다고
그러니 했던 말 또 하고 또 하는
능력 없는 선생짓 그만 하시고
오래된 책처럼 책장에 처박혀 있든지
물먹은 책처럼 뿌루퉁한 입술을 닫고 계시든지

밥상머리에서 배고프게시리 기도해라
베풀어준 것도 딱히 없으면서 자비를 베풀어라
아무리 위해도 가난한 건 마찬가지인데 조상에게 절해라
돈 없고 빽 없는 거 다 아는데 너 자신을 알라
그런 귀신 씨나락 까 먹는 말 이제 그만 좀 하시라고
성인교육 좀 하고 싶다

그냥 친구들과 음담패설이나 늘어놓으면서
거룩하지도 난해하지도 않게
풀꽃처럼 살고 싶다

넝쿨장미 혹은 바람

삐리릭 삐리릭
과속으로 지나가는 바람을 불러 세워 불심검문을 하였다
바람은 원산지를 알 수 없는 꽃술을 너무 많이 들이마신 채
바람은 혈중농도 0.2의 만취상태로 봄을 질주 중이었다
이미 연인 여럿을 치어 뇌사에 빠뜨리고
개나리 노란불을 무시한 채 철쭉 빨간 불을 통과 중이었다
바람의 한 쪽 바퀴는 바람이 거의 빠져 있었고
한 쪽 바퀴는 나사를 조이지 않은 채 덜컹거렸다
바람의 나사가 풀리면 우박을 잔뜩 싫은 덤프트럭이
꽃밭과 채소밭 여러 개를 쑥밭으로 만들 것은 불 보듯 뻔한 일이다
거리마다 바람의 배기통에서 나오는 아황산가스를 점검했으나
바람은 교묘하게도 주차를 한 채 낮잠을 자는 척 했다
그때 바람을 잔뜩 실은 과적바람이 달려오다가
급정거하지 못하고 그만 플라타너스 가로수를 들이받고 말았다
플라타너스 큰 나무는 옆으로 쓰러지며
자신을 들이받은 바람에게 운전을 조심하라며 따귀를 갈겼다
일부 산산조각 난 바람은 바람의 고물상에 쌓이고
한 바람은 목발을 짚은 채 여름병원으로 달려갔다

여름병원은 부채를 저으며 바람등록증이 없는 바람의 입원을 저지했다
이때 에어컨 원장은 부상정도가 심해야 이문이 남는다고
선풍기를 시켜 부목 댄 바람을 병상 침대에 눕혀 입원시켰다
꽃중독을 견디지 못한 바람은 여름병동을 탈출해 남의 집 담장을 전전했다

급기야 TV에서는 그해 5월의 날씨로는 90년 만에 더위라는 보도를 하기에 이른다
바람은 지금 피를 흘린 채 남의 집 담장에 엎드려 있다

격정과 걱정 사이

아이가 슈퍼 앞에서 주워온 박새 새끼 한 마리
계란 노른자를 반죽해 핀셋으로 떠먹여 위기는 넘겼다
새끼 소리를 듣고 찾아온 어미 새 부부
밖에 내놓았더니 십 분이 멀다하고 물어다 먹이고 있다
집안으로 들여놓으면 격정으로 우짖는 어미새
내놓으면 들고양이한테 잡아먹힐까봐 보초를 서는 나

계란 노른자위를 떠먹고 자란 듯한 여린 마음이
고양이발톱 같은 마음에게 상처 받지는 않을까
제 둥지를 찾아 돌아가야 하는 파랑새는 철새
이리 격정스럽게 날다 상처를 가질 지라도
나 때문에 누가 되지 않았으면 좋으련만, 걱정을 한다

물과 시

사람들은 나를 물로 봤다
미술준비 한 번 못해간 화전민자식 나는 늘 굽신거리며
도화지 한 장만, 크레용 좀 같이 쓰면 안 되겠니
물어야 했다
늘 친구의 가방을 들어다 주어야 했고
말뚝박기놀이엔 가위바위보 한 번 못하고 엎드려
탱크처럼 달려오는 무게를 여린 등으로 감내해야 했다
공납금을 제때 못 냈을 때
행정실 누나는 내게 모내기철 저수지 보감독 노릇을 했다
나는 물렁물렁 흐느적흐느적 물 같은 존재였다

석 달 열흘 가뭄이 들어 논바닥이 쫙쫙 갈라졌을 때
아버지는 모든 것을 내려놓고 하늘에 간구했다

산에 오르다 극심한 갈증에 시달려보고
시를 쓰며 생각하니
물은 물을 물로 보는 이들에게 물이며
물을 귀하게 여기는 이들에게는 화수분이었다

열정이 삼 년 가뭄처럼 깊어져
정(情)의 기근이 들까 무섭다

고동색 그림자

고동색 그리움을 드리운 내게
초록의 그녀가 이팝꽃 웃음을 웃네
나는 나뭇잎책갈피처럼 켜켜이 쌓인
고동색 그리움을 그녀에게 쏟아놓았네
먼 바다로부터 뱃고동을 울리며 그녀가 오네
그녀가 '내 마음 그 깊은 곳에 강물되어 흐르네'*
나는 터번을 쓴 채 그녀를 찾아 아라비아로 떠나네
나의 목마른 낙타는 지금껏 그녀의 사막을 건너네
아라비아 문양의 실루엣을 걸친 그녀가 그곳에서 기다리고 있었네
긴 사막을 횡단해오는 내게 그녀는 오아시스였네
나는 그녀에게 갇혀 아라비안 나이트를 보내네
나는 그녀에게 천일야화(千日夜話)를 시작하였네
감동한 그녀가 비로소 성문을 여네
그리고 그녀는 나의 낡고 오래된 성벽에 창을 내네
내 창에 비친 하늘은 그녀의 하늘을 동경하네
영혼의 갈증을 앓는 낙타는 오아시스를 찾아가네
오랫동안 찾아 헤매던 내 그리움은
그녀에게로 가 고동색 그림자를 드리우네

---

* 이안삼 곡 김명희 시의 가곡 〈내 마음 그 깊은 곳에〉 일부분

5월, 그녀의 형용사

그녀에게 함부로 예쁘다고 말했다간 쫑코 듣는다
예쁜 게 어디 한 둘인가
장미처럼 예쁘다고 흔한 명사로 수식해도 구사리 맞는다
이젠 제법 원숙해 보이는 그녀는
백구와 새둥지 찾던 유년의 벌판에 핀 찔레꽃이기 때문
그녀에게는 부드럽다는 말 또한 핀잔의 대상이다
그녀의 마음은 종달새처럼 높다가
노을처럼 붉다가
칠석의 달처럼 달무리진다
그녀는 빠르다
내 감정을 휘돌아서
벌써 자전거 바퀴처럼 저만치 간다
내가 혹여 사랑 포옹 키스 등의 허망한 꿈을 꾸면
그녀는 어느새 쌩 휑 퀭
그런 부사로 변신해 꽃잎을 떨군 여름이 된다
그녀에게 가장 적절한 형용사는 무엇일까
억지로 맘 붙이면 저만치 달아나고
시무룩하면 바람으로 다가와 어깨를 다독여주는
5월, 풋 복숭아 그녀

먹는 권력

코다리찜을 해서 맛보는데
강아지가 내 입만 바라본다
냉장고 여는 소리만 나도
부엌에서 부스럭거리기만 해도
뛰어와 목을 빼고 기다린다

어릴 적 미군부대가 이동할 때 따라다니던 생각이 난다
헬로 기브미 쩜 헬로 기브미 쪼꼬렛
미군이 주머니에 손만 넣어도 바라보던 우리들
한 번은 미군이 사탕 한 봉지를 조바아줌마에게 사서
닭 모이 주듯 땅에 뿌려주며 줍는 우리를 보고
낄낄거리며 웃는 걸 본 적이 있다
어린 나는 속으로 자존심이 너무 상했는데
정의로운 카추샤가 오더니 미군을 발길로 차며
호되게 몰아세우는 것을 보았다

지금 나는 남부러울 것 없는 최고의 권력자
슬픈 눈의 강아지에게 코다리 대가리를 던져주며
비겁한 미군 짓을 답습한다

오늘 당신은 스무 살입니다

요즘 날씨가 너무 좋아요
이런 날에는 오랜 친구를 불러내고 싶죠
근사한 찻집에서 아메리카노 아이스 한 잔 마시고 싶죠
그럼 하늘도 물끄러미 바라보시고
꼬부리고 앉아 작은 풀꽃도 만져 보시고
공연히 벤치에 앉아 두어 시간 시집도 읽으시고
추억을 뒤적거려 그리운 사람 이름도 불러보시고
조금 일찍 떨어진 낙엽을 주워
이게 연어라지 상상해 보시고
나는 이 다음에 무엇이 될까 꿈도 꾸어 보세요
그동안은 몸이 자라고 근심이 자라는 시간이었다면
앞으로 남은 나날은 꿈이 자라는 시간이 아닐까요
오늘은 스무 살의 마음으로 사는 그런 하루 되세요

오늘 당신은 스무 살입니다
오늘처럼 산다면 내일도 그럴 테죠

석파정*에 앉은 여자

석파정에 한 여자가 턱을 괴고 앉아있다
대원군의 여자는 누구였을까, 생각하고 있는 그 여자
아래로 물소리 흐르고 위로는 구름이 흐르는데
그 여자 마음으로 갇혀 지냈던 조선 여인들의 비련이 흐른다
기생들의 목소리를 듣고 있는 것일까
이하응 대감의 목소리를 들으려는 것일까
초가을 바람은 그녀의 얼굴 위로 가만가만 불고
귀뚜라미 한 마리 청나라 문양의 석파정 전설을 또박또박 읽어내린다
영의정 김흥근(金興根)의 집 삼계동정사(三溪洞精舍)가 너무 아름다워
고종을 재워 임금이 잔 집은 백성이 살 수 없다며 빼앗은 대원군의 계략
쇄국의 모순은 석벽처럼 무너져 내리고
여인들의 웃음은 성벽을 넘었는데
그 여자만 조용히 손으로 턱을 괸 채
무성한 가을의 전설을 지나가고 있다

---

* 석파정 : 조선시대에 세워진 흥선대원군 별서(興宣大院君 別墅)에 딸린 정자로 중국 청나라 양식으로 지여졌다.

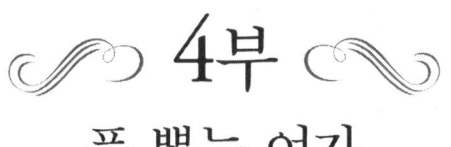

4부
풀 뽑는 여자

풍선껌을 불다
– 어머니 황복연 님께

어제 바람벽에 붙여 놓았던 풍선껌을 또 씹는다
푸 불면 커졌다 얼굴에 탁 터지고
주섬주섬 때 낀 손톱으로 긁어 입에 넣기를 반복한다

푸우푸우 풍선껌을 불 때마다 어머니의 꿈과
아버지의 구차가 부풀었다 사그라든다
그래도 큰애는 중학교라도 눈을 떼줘야지요
엄마의 풍선은 하늘로 날아오르고
무얼로 갈칠 거요 눌 자릴 보고 다릴 뻗어야지
아버지의 풍선은 바람이 빠지는지 뱅글뱅글 돈다
결국 나는 중학교 졸업하고 답십리 제너레다공장에 취직했다
길고양 울음이 골목에 갇힌 나처럼 앙칼진데
교복 입은 또래들이 춘분의 골목을 달구며 간다
그때 나는 껌처럼 나를 부풀리고 싶었다
아버지는 질긴 세상을 질경질경 씹어야 했다
그러다 박빙의 어머니를 그만 터뜨리고 말았던 것
풍선껌은 단물이 빠져야 비로소 크게 불어짐을
나는 열일곱 나이에 벌써 깨달았다

오랜만에 또다시 풍선껌을 분다
이제라도 허기지게 풍선을 불어서
엄마를 애드벌룬처럼 띄우고 싶다

목련아, 좀
– 여동생 김정숙 님에게

식목일을 즈음해서 꽃대궐을 기대하면서
시골집 앞뜰에 백목련 뒤뜰에 자목련을 사다 심었다

목련아
학교 갔다 오면 물 좀 몇 동이 길어다 붓고
부추 좀 베어다가 장떡 좀 지져서
아부지 일하는 뒷둔지로 가지고 좀 오너라
호야도 좀 닦아 놓고
요강도 좀 씻어다 놔라
메 좀 캐서 밥에 두고
달래 좀 캐서 양념간장 만들고
부뚜막도 좀 깨끗이 씻어놔라
알았지 목련아

아부지, 일 좀 그만 시켜요
머리가 하얘져요

얼마 전 아파트를 산 여동생
홀아버지가 그렇게 일을 시켜도 목련처럼 하얗게 웃어주던
여동생의 살림이 이제야 피어난다

뾰족한 시
- 아내 한순복 님에게

늦게 퇴근해 들어오니
철사가 삐져나와 자꾸만 가슴을 찌른다며
아내가 브래지어를 꿰매고 있다
버리고 또 사면되지 꿰매 입을 것까지야 있느냐
말하려다가 본전도 못 찾을 것 같아 입을 다문다
사업해서 번번이 망하고 게다가 시까지 쓰는 주제에
무슨 할 말이 있느냐, 쏘아붙일까봐
못 본 척 시집을 읽는다
남자의 자존심을 세우느라
브래지어를 꿰매 입는 아내에게
돈도 못 벌어오면서도 되려 큰소리쳐온 나
식당일 공장일 병원일 허드렛일을 전전하며
내가 시를 쓰도록 묵인해준 20년 동안
얼마나 많은 말들이 아내의 가슴을 찔러댔을까
사람들은 내 시가 재미있다고 하지만
아내에게는 뾰족한 비수였으리
오늘은 내 시가 나를 찌른다

담양송길을 걷다
– 장모님 오금순 여사님께

하늘 향해 소풍가고 있는 푸른 친구들 사이로
나도 담양 학동리 길을 걷는다
양팔간격으로 우람한 어깨를 벌려
발레를 하듯 발가락을 모아 하늘로 오르는 청년들
지금 추월산을 추월하는 중이다

담양 처자에게 장가든지 30년 동안
장모님 생신에 만근한 내게 그들은
어깨 펴고 사는 법을 가르쳐주었다

굽은 길을 따라 걷자니
메타세콰이어는 푸른 언어로
지난여름 먼 길 떠나가신 장모님과 교신 중이다

이모작

  – 황옥연 이모님께

지난봄에 돌아가신 이모님댁에 들렀다
집은 잠겨 있고 마당엔
이모님께서 가꾸시던 채송화와 잡초들이 무성했다
이모님은 처음부터 이모작의 명수였다
남들은 서넛 낳던 그 시절 팔남매나 낳으신 이모님은
이모작으로 눈코 뜰 새 없었다
이모작은 소출이 작다는 말은 뜬소문이었다
아들 공무원 시키고 딸들 대학 보내고 모두들 출가시키고
대단한 소출이었다
조카자식까지 드난하던 그 집은 가지에 가지를 쳤다
그 집은 한 번도 빈집이 아니었으므로
이모님은 늘 빈집이었다

이제 이모님 떠나가신 그 집이 잠겨 있다
이모님 계세요, 부르면
순진이 왔구나,
버선발로 나오실 집이 이모님으로 잠겨져있다
이모님 안 계신 이모네 집은
이제 이모작이 더욱 빈번해질 것이다
화단 채송화는 겨울에도 피어나고
앞밭의 부추는 대나무처럼 길 것이다
빈집은 빈집을 먹고 자라나 달을 따낼 것이다
내 안의 이모님은 달처럼 휘영하고

내 입에 이모님은 빈집의 자물쇠가 될 것이다
빈집에 마음을 누고 돌아 나오는 길
내 가슴에 이모님이 이사를 오셨다
이제 이모님은 내 집에 자주 들러 안부를 물을 것이다
너무나 일찍 엄마를 잃은 나의 집은 빈집이 되고
이제 나는 이모가 계시지 않는 이모네 집에 산다

황하문명
– 황보연 외삼촌 내외분께

황하강 유역 내촌에는 여러 부족이 살았다
황희 대제의 혈통을 이어받은 장수황제의 선정에
부족들은 모두 복종하였고 나라가 부흥하기 시작하였다
의용황제는 딸 셋에 아들 하나를 두었으니
아들은 또다시 아들 셋에 딸 둘을 두어
황제의 대를 잇고 부흥했으며
한 딸은 딸과 아들을 두고 근처에 살며
나라의 안위를 담당했고
한 딸은 서북쪽으로 내려가
아들 하나와 딸 일곱을 두어 蔡나라를 건국했고
한 딸은 동북쪽으로 내려가
아들 넷에 딸 하나를 두어 金나라를 건국했다
각기 용나라 희나라 상나라 순나라 인나라 무나라
정나라 양나라 숙나라 두나라 등으로 무한히 번성하니
서로 침략커나 넘보지 아니하였고
서로 나누고 베푸는 등 교역이 활발했으며
문명을 이루어 태평성대를 이루었다
이에 세상 사람들은 이를 황하문명이라 부르더라
일 년에 한 번씩 제후들이 모여 각 나라를 돌아가며
연을 베풀 것을 동맹하니 백성들은 좋아하고
창연 옥연 복연 세 옥황황제들 보기가 좋았더라

이에 보연 황제는
이제 너희늘이 제후가 되었도다
어느 나라든 군사를 일으키지 말며
서로 금전을 거래하지 말며
서로를 꽃 본 듯 기뻐 왕래하라 하였으니
그때가 옥연황제가 옥황상제에 등극한
502014만년 4월 28일의 일이었더라
이후 제후들은 해마다
창연 옥연 복연 세 옥황상제를 우러러
그들의 선정을 마음으로 기리며 제를 올리더라

창연 옥연 복연 세 옥황상제는 하늘나라에서 각기
건강 재물 행운을 담당하였는데
백성들이 필요한 것이 무엇인지 미리 아시고
바라는 대로 베풀더라
이에 황하강 유역은 자손만대 번창하여 세계 문명의 주축이 되더라

* 의용은 외할아버지, 창연은 큰 이모, 옥연은 둘째 이모, 복연은 어머니, 보연은 외삼촌의 함자

복숭아꽃
 – 동생 김무진 님에게

복숭아나무는
소리를 엮어 꽃잎으로 내놓는다
촘촘히 나올 잎사귀,
그 귀를 온몸에 감추고
세상을 엿들어 꽃잎을 엮는다
두엄을 잔뜩 싣고 외양간을 나오는 동생의 경운기소리와
목울대를 넘어가는 막걸리소리
파밭에 모여드는 일벌들의 농요를 들어야 꽃잎이 된다
먼 바다로부터 달려오는 바람소리를 휘감고
땅속으로 흐르는 물소리에 귀를 대고
한겨울을 견뎌야 꽃잎이 된다
할미새가 읽어주는 봄의 의미를 온몸으로 느껴야
비로소 모든 가지에 꽃을 내놓아 만개한다

판소리 적벽가 한 마당
스스로 완창을 한다

풀 뽑는 여자
– 아내 한순복 님에게

아내가 주차장 가에 난 풀을 뽑고 있다
어디서 저런 무시무시한 힘이 나오는 것일까
풀고갱이처럼 여린 여자가
풀뿌리에 매달린 지구를 들어 올리고 있다
들릴 듯 들릴 듯한 지구는 들리지 않고
지구의 부스러기만 딸려 올라온다
한쪽에서는 지진이 나고
한쪽에서는 화산이 폭발하고
요동치는 지구를 두 발로 밟고 앉아
태양의 기를 받은 여자가 땀을 흘리고 있다
그녀는 지금 휴화산
그녀에게도 두 번의 화산분출이 있었다
그때마다 두 가슴에는 용암이 흘렀고
세상을 덮을만한 용기도 있었다

여전히 신비한 마그마의 동굴을 가진 여자가
지구를 들썩이고 있다

아버지의 광복절
– 아버지 김기면 님께

어릴 적 화롯불에 덴 아버지의 상처가
점차 굳어져 마침내 암 판정을 받았다

아주 오래도록 잠복한 원흉들의 음모는
아무도 의심치 않게 후미진 곳에서부터 시작되었다
매번 무력 침공하여 번번이 퇴각당한 그들은
매우 우호적으로 교모하게 접근했다
좀처럼 자신들의 속내를 드러내지 않는 그들은
손톱으로 하여금 완장을 차게 했다
신식 훈련을 시켜준다며 백혈구군을 창설한 그들은
적혈구군을 어용군대로 만들었다
그들은 식민지 확장을 위해 더 없이 악날해져갔다
손톱은 그들의 뜻에 따라 자국의 기득권을 포기했다
암 총독부가 중앙에 세워졌다
모든 기관들은 식민지정책에 손발이 되어 갔다
모국어를 말살시키고 자국어를 종용했다
산업은 피폐해지고 끊임없이 약탈이 자행되었다
그러나 광복을 위한 노력은 밤낮으로 계속되었다
조선을 발판으로 삼은 침략자들은 진주만을 기습했다
중국과 동남아마저 삼키려 혈안이 되고

비용비용 비용비용
아버지를 실은 앰뷸런스가 서울의 한 대학병원에 닿았다
주치의는 지체 없이 원자폭탄을 투하했다
마침내 천황이 백기를 들었다

귀신이 웃을 일
– 큰어머니 정운희 님께

긴 봄가뭄에 모를 못 내고 끌탕하자
형은 비료를 뿌려놓은 물을 몰래 퍼가라 했다
아우 내외는 밤새 용두레질로 아랫배미 물을 퍼
이튿날 모를 냈다
못밥을 이고와 갑자기 잦아든 논을 본 형수는
귀신이 곡할 일이라며 고개를 저었고
형은 못밥 먹던 오리나무정자 밑에서 눈을 끔벅였다

며칠 후 아우네 논은 꺼멓게 올라왔으나
형네 벼는 비루먹은 소털처럼 들쑥날쑥했고
아우는 웃거름용 요소비료 두 포를
형네 울안에 살짝 들여놓았다

빨래터에서 만난 두 여인
동서, 누가 울안에다 비료 두포를 놓고 갔는데
누군지 모르겠단 말이야
글쎄요, 형님! 쌀은 꿔줘도 비료는 안 꿔주는 세상에
그거 정말 귀신이 웃을 일이네요, 호호호

식물인간
– 아버지 김기면 님께

국수를 잡숫다 기도가 막혀 심장마비가 온
아버지가 뇌사상태에 빠졌다
식물인간이 되신 것이다

햇빛 바람 수분은 식물 생장에 필요한 3요소인데 의사들은 햇빛이 들어오지 않는 병실에 아버지를 가두고 있다 그늘 속에서 식물을 기르려는 심산이다 참 어처구니없는 초보 농부다

그늘 속의 식물은 제 키보다 웃자라는 것을 초보농부는 모르는 모양이다 고통이 웃자라고 있는지 아버지는 아무런 반응 없이 계속해서 잠만 주무신다

목에 호스를 꽂고 있다 창문을 열어 자연바람을 공급하지 않고 작은 호스로 바람을 넣어 저 큰 식물을 제대로 기를 수 있을까

이파리가 흔들리고 싶은 식물은 가끔 껄떡껄떡 온몸으로 흔들린다 주렁주렁 팔뚝에 링거를 꽂았던 자리가 새까맣게 썩어들고 있다 국지성 강우로 온 땅을 적실 수는 있는 것일까 극심한 가뭄에 식물이 마르고 있다

결국 식물 아버지는 한 달 만에
스스로 땅을 찾아가시고 말았다

말문이 막히다
– 박건호 선생님 영전에

말문이 막힌다는 말문이 말을 가르쳐주시려고
그 먼데까지 가시다니요
선생님의 가르침은 너무나 무거운데
선생님에 대한 영상은 늘 웃고 계시네요

여보세요 선생님! 시섬이에요, 하면
어디에요 크크큭!
그냥 그렇게 묻고 웃기만 하셔도
우리에겐 큰 가르침인데
온몸을 던져 가르쳐주시다니요
가슴 아파도 웃고 살게요
그렇게 아픈 선생님도 웃으셨으니
손등으로 눈물 훔치며
정말 웃고 살게요

* 박건호 선생님은 '시섬'의 영원한 주인이십니다.

도배하기
― 새어머니 김효숙 님께

새마을운동 때 시멘트블록으로 지은 집이 늘 좁다 하시던 아버지 돌아가실 때 자식들 손님치를 걱정에 소 안 기른 지 십 수 년 되는 외양간을 뜯어 조립식판넬로 사랑채 지으신지 벌써 두 계절이 지났다

벽지장사를 하는 큰댁 형님*은 장사도 안 되는데다가 공사하고 떼인 돈 수천만 원에 속병이 들었지만 그래도 작은아버지 집은 우리 도배지로 도배를 해야 한다며 보내온 도배지 두 박스

살기 어려울 때 집 지었다고 못마땅한 시골 동생은 어디로 갔는지 십여 일 째 볼 수 없고 이제나 바를까 저제나 바를까 끌탕하시던 아버지 안쓰러워 인천 사는 동생 내외** 오라 해서 두 집 붙이들이 벽지를 바른다

붙이면 떨어지고 붙이면 떨어지자 구경하던 고향 후배***, 에이, 판넬에 도배할 때는 먼저 바르는 약이 있어요 말대로 그 약을 사다 붓으로 바르고 벽지를 붙이니 억지가 춘향이보다 나았다 두 형제 부부가 아침부터 바르기 시작한 도배공사가 저녁 여덟시가 되어서야 끝이 났다

---

* 김완진 형님
** 너무나도 고마운 김양진, 정차순 부부
*** 안영재 후배

하루 종일 어디 갔다 돌아오신 새어머니는 녹초가 된 두 부부들에게 너희들 참 잘 한다 다음에 올 때엔 안채도 좀 발라주렴

 몇 주 후에 내려갔더니 정말 마루 귀퉁이에 벽지박스가 놓여있었다

 네, 어무니.

여자의 일생
― 김완순 사촌누님께

47년생 그 여자
민족의 격동기를 수두자국으로 얼굴에 새긴 여자
삼팔선 마을에 살며
대한민국의 아픔을 몸으로 걸어온 여자
6.25동란 때 아버지가 납북 돼
할머니와 홀어머니한테 자란 여자
엄마의 개가로 두 집을 드나들며
맘고생 심했던 여자
그래도 신식이라 동네에서 제일 먼저
애완용 포인터 개를 기르며
바구니에 두부를 사오라 심부름 시켰던 여자
브래지어를 빨아 널면 촉감이 좋아
훔쳐다 가지고 놀았었지
가난이 싫어 철원 부잣집으로 시집간다고 좋아했던 여자
자전거 배워 비무장지대 드나들며 소식 주던 여자
술 먹는 매형과 사느라 늘 속상하면서도
겉으론 환하게 웃어주던 여자
내가 군대 갔을 때 데려다 고기 먹이고
엄마 없는 동생을 따뜻이 안아주던 여자
고향마을 제비울을 떠나 철원 인천 구미
전국을 누비며 사셨으니 원 없이 살아보셨죠

아무 기댈 데 없이 홀로 걸어온 여자가

딸 둘에 아들 하나 사위 둘까지 얻었으니
이세 오순도순 사시며 행복하세요

애인처럼 사무치는 여자

수석발레리나에게

– 발레리나 강수진 님께

그녀가 차이콥스키 '백조의 호수'를 공연할 때
나는 조명감독이고 싶었다
그러나 나는 구석진 C급 객석에서 그녀를 보았다
막이 오르고 조연들이 무대로 나와
공연이 시작되었을 때 관객들은 환호했다
그러나 나는 박수치지 않았다
마침내 수석발레리나 마드모아젤이 왼쪽 장막 끝에서
점프와 턴을 거듭하며 등장했다
나는 두 손에 깍지를 낀 채 숨을 참고 있었다
그랑쁠리에 알라스공드 앙오
그녀가 탭슈즈를 세우고 발끝을 돌려 팔을 펼쳤을 때
나는 무지개나라에 가 있었다
군무는 시작되었고
 나는 어느새 공연장 속에서 그녀를 맴도는 한 마리 백조가 되어 있었다
 약간의 바람이 불고 내 마음의 호수는 금빛 물비늘로 일렁였다

 공연은 계속되었고 관중들은 열광했으나
 나는 넋을 잃고 바라만 보고 있었다
 그녀는 백조를 가장한 러시아 군대
 내 마음을 초토화시킨 그녀는 나를 지배했고
 나는 속국의 설움도 모르는 채 그녀에 지배를 인정했다

이제 나는 그녀의 지배가 타당하다 말하는 친일파 시인
나는 그녀를 위해 젊은이에게 군대에 가라고 독려하며
그녀의 식민지를 위해 미사여구를 늘어놓을 것이다

내 마음의 무지개
— 지연희 선생님께

어느 가을날 수요일 오전 고려대로 강의하러 길
연신내역에서 중견여류시인을 만났다
승강장 가운데쯤에서 타야 한다며 나더러 괜찮겠느냐 물으신다
나는 거리보다 사람을 택하겠노라며
선생님의 팔짱을 바짝 끼고 따라붙었다
드디어 전철이 오고 나는 경로석에 앉은 시인을 바라보고 섰다
최근에 나온 동인지를 드렸더니
사인을 해달라시며 만년필을 빌려주신다
나는, 존경하고 사랑합니다 섬기고 따르겠습니다
사인을 해 드리고
시인께서도 최근에 나온 시집 한 권을 꺼내 사인을 하는데
때마침 만년필의 잉크가 닳아져 나오지 않는다
미리 써놓은 글씨의 색깔과 굵기를 맞추려고
시인은 다섯 개의 펜을 바꿔가며 사인을 해 마침내 내게 시집을 건넸다

책을 건네받는 순간 내 마음에 다섯 색깔 무지개가 뜬다
문학소녀의 무지개꿈이 내 마음을 비춘다

첼로 오중주
– 첼리스트 이숙정 이철민 김태우 박은주 김재준 님께

1.
소나무들이 바람을 고르고 있다
바위들이 바람을 따라 나선다
바람이 바위에게 손을 내민다
멀리 흰 구름 몇 조각 유유하다
손가락 사이로 드난하는 바람이 첼로를 키우듯
끊이지 않는 물소리가 계곡을 키운다
웅장한 소리산 밑으로 지나는 기러기 행렬은
진한 보드카향이 운항법
설설 끓던 이마를 만져주던 어머니의 손길
한 소년, 꿈의 기지개를 펴고 있다

2.
양은솥에 옥수수가 삶아지고 있다
옥수수 옥수수 옥수수알들이
더욱 반지르르한 윤기로 종알거린다
별이 쏟아지던 여름 멍석 위에
벌레를 피한 무용담이 짜르르하다
고추잠자리를 재워주던 옥수수꽃의 설렘
빽빽한 옥수수 숲 사이로
업은 아이 깰까 햇빛 몇 올 살금살금 기어든다
애, 아궁이불 그만 걷어 넣어라
솥뚜껑을 밀자 참았던 별들의 말씀이 반짝인다

3.
숙제를 안 해간 날은
준비물을 안 해간 날보다 당당하다
준비물은 엄마의 몫 숙제는 내 몫
나는 손바닥을 내밀고 대나무자로 매를 맞는다
아, 아야, 아, 아야
눈물이 찔끔찔끔 난다
그래도 어제 비 쏟아질 때 벼를 거둔 덕에
매상하면 밀린 공납금은 내겠다
핑거카토로 뜯는 첼로 소리가
노는 시간을 알리는 벨소리보다 쩌렁하다

4.
기다란 입을 가진 악어가 입을 열었다
눈 뜨고 입 다물기 눈 감고 입 다물기
눈 뜨고 입 벌리기 눈 감고 입 벌리기
악어의 표정은 네 가지라는 속설에 반기를 든다
사랑하는 사람 앞에선 악어도 노래를 한다
악어는 말하지 못한는다는 속설은 깨지고 말았다
온몸이 입인 악어 한 마리
호소의 언어란 온몸으로 하는 것임을
몸소 보여주고 있다
전율이 인다

5.
그레코로만형 전문의 한 레슬링 선수

타이어 고무줄을 당기며 훈련을 하고 있다
절대로 하반신을 잡지 않는다
1분 30초 스탠딩 자세에 대한
나머지 30초 그라운드자세를 한 자들의 침묵이 거세다
가만히 엎드려 있는 자의 어깨를 누르며
게임은 시작된다
왼팔이 말을 듣지 않는다
너덜너덜해진 어깨 연골, 태클은 규칙 위반이다
결승전에서는 선수도 관중도 모두 승자다

죽부인
– 어릴 적 우리 집에 세 살던 이명환 이수환 이기환 님에게

여름이 지난 길가에
소박맞은 부인 하나 누워있다
여름내 껴안고 뒹굴었을 둔부가
애 몇 낳은 여자처럼 펑퍼짐하다
양갓집 규수를 꿈꾸었을 그녀
한 번 시집가면 그 집 귀신이 되라는 친정아버지
그 지엄한 말씀에 눈물콧물의 첩살이를 견뎠겠지
이 여자 저 여자 넘보는 남정네에게
어쩔 수 없이 수청 들려면
속을 다 비워야 했겠지
옷 한 벌 얻어 입지 못하고 봉사했건만
결국 소박맞고 쫓겨난 여인
사람이 왜 분신자살을 하는지 알 것만 같다

어린 시절 우리 옆방에 사글세 살던 군인가족
술만 먹으면 와장창 퉁탕 살림살이 부수고
아이 셋에 여자까지 옷 벗겨 내쫓던 이 중사
그 가족 집에 들여 우리들 옷 챙겨 입히고
당신의 옷을 입혀주며 안아주던 어머니 마음이
저 옷 벗겨진 죽부인처럼 부끄럽고 속이 뭉그러졌을 터
아버지는 제 식구에게 함부로 하는 그 가족을 내쫓았고
이사 간 낭유리에서도 술버릇 여전하단 소식을 듣던 중
이 중사가 농약 먹고 죽었다는 비보가 들렸다

이제 그 가족의 소식을 못들은 지 50여년
명환이 수환이는 기환이 어니서 어떻게 살고 있는지
엄마는 살아 계신지 가슴 비우고 만나
생의 가을에 내쳐진 그 죽부인의
거친 손이라도 한 번 잡아드리고 싶다

시인의 조건
― 윤동주 탄생 100주년에 부쳐

처음 「서시」를 읽었을 때 나는
후쿠오카 감옥에서 생을 마친 한 시인이 있었구나 생각했다
그러다 「별 헤는 밤」을 읽었을 때
그가 작은 시냇가에서 달맞이꽃으로 환생했다고 생각했다
「자화상」을 읽으며 그는 귀밑머리 솜털 뽀송한 소녀를 그리워하는 달그림자이거니 했다
그가 「길」에서 "무얼 어디다 잃어버렸는지 몰라 두 손을 더듬어 길에 나아"갈 때
나는 그가 더듬이를 가진 달팽이였음을 발견했다

그의 시 「별 헤는 밤」을 읽으며 나는
더듬이 끝에는
"이국소녀와 벌써 애기 어머니 된 계집애와 가난한 이국사람들과
비둘기, 강아지, 토끼, 노새, 노루
프랑시스 쨈, 라이너마리아 닐케"
그런 너무나 많은 존재들이 매달려 살고 있음을 깨달았다

프랑시스 쨈, 라이너 마리아 닐케는 물론이고
이국소녀와 벌써 애기 어머니 된 계집애와
가난한 이국사람들까지 시인이 될 수 있다는 것은 눈치챘으나
비둘기 강아지 토끼 노루 노새까지

이 세상 모든 것이 시인이 될 수 있다는 것을 알았을 때
제국주의의 폭력성이 무너지고 있음을 느꼈다
그러면서 비둘기 강아지 토끼 노루 노새가 없으면
시인은 스스로 시인이 되지 못한다는 것도 알게 되었다

시인은 시로 시인이 되거나 상상으로 시인이 되지 못한다
노루와 노새가 없는 가난한 시인에게 필요한 것이 있다면
가슴을 도려내는 애틋함보다 자주 별을 바라보는 일이다
그래서 시인이 되고 싶은 나는 오늘밤에도 스치우는 별
을 보며
동주를 그리워한다

돌
― 영월 국제현대민술관 박찬갑 조각가님께

조약돌을 물에 담갔다 꺼내면
금방 물기 먹음을 우리는 본다
물 먹는 이에게 누가 죽었다고 하리
그들은 또 다른 소용을 위해
갈증을 참고 기다리고 있을 뿐
드러나 아름다움을 가르쳐주며
묻혀 우리의 무게를 견딘다
새소리 물소리 꽃과 나무의 말을 들어
내공의 힘을 키워 교만하지 않으며
남의 말을 옮기지도 비웃지도 않는다
주어진 자리에서 스스로 떠나지 않는다
누구를 밀어 넘어뜨리지 않으며
올라오라 언제든 손잡아준다
바위거나 조약돌이거나 쓰임이 있는 돌
반듯하거나 부서지거나 쓰임을 찾는 돌
장식이기보다 받침이길 자처하는 돌
미련하다 돌대가리다 비웃지 말고
그 돌을 아우르는 박찬갑 조각가의
똑똑한 돌들을 보라
박찬갑의 돌은 꿈을 꾼다
그는 돌로써 경전을 읽지만
돌은 우리를 사랑하라 가르친다
그의 돌은 시금석이다

그의 돌을 보면 세상이 보인다
그의 돌은 성악가다
그의 돌을 보면 노래가 들려온다
그의 돌은 시인이다
그의 돌을 보면 철학이 있다
돌이 그에게 얻은 것은 색다른 외형이나
우리가 그의 돌에서 얻은 것은
사람처럼 뜨거운 가슴이 있음이니
저 정다운 박찬갑의 돌을 보라
생전 잠들지 않을 듯
말똥말똥 눈을 반짝이며
당신을 껴안으러 달려오고 있지 않느냐

돌자 돌자 돌과 함께
빙글빙글 도는 인생
돌고 돌자 오, 돌돌 돌돌

반성
– 동생 김양진 님에게

초등학교에 다녀온 내 동생
어디서 들었는지 뜻 모를 소리를 한다

동태눈깔 동포 여러분
시들시들 시민 여러분
미나리 먹고 미쳤습니까
도라지 먹고 돌았습니까
생강차 먹고 생각해 봅시다

아이쿠, 찔린다
뭘 알고 그러는 겐지

무채를 썰다가
– 제수씨 정차순 님에게

아주버니, 채 좀 썰어주세요
김장하는 날, 무나물같이 부드러운 제수씨 말씀에
고분고분 조선무를 채썬다
여름내 쏟아지던 빛의 기억이 무채색으로 가지런히 눕는다
쓱쓱 싹둑싹둑
밭도랑을 깎던 낫의 음성이 흥건히 물을 먹은 채 묻어나온다
둔덕을 일으키던 경운기의 발자국무늬가 무수히 쏟아진다
152cm에 42kg 그 작은 체구의 새어머니
이장 보시는 아버지 손님에 전마누라 자식 사남매
데리고 온 아들 하나, 그 많은 식구의
김장을 해내시던 힘은 어디서 나왔을까
채 썰고 남은 오가리를 입에 싹둑 깨무니
놋숟가락으로 무를 긁어잡숫던 생모의 맛이 느껴진다

전마누라의 명복까지 기도하며 견뎌내신
새어머니의 그달달하고 시원한 음성이 들린다

그는 가을하늘이다
- 월리엄 해밀턴 쇼 영전에

고개를 들어 하늘을 보라
하늘은 맑고 드높다
거리마다 지천으로 꽃피고
새들은 노래하나니 자유여, 너의 뿌리는 무엇인가
몸을 던져 총성과 포화의 먹구름을 걷어내려 했던 미국 청년
그가 있었기에 오늘의 하늘은 저토록 푸르다
오, 그 이름도 거룩하다 월리엄 해밀턴 쇼
그는 평양에서 선교사의 아들로 태어나
이미 노르망디 작전에 참전한 예비역 중위
고향에서 전쟁이 났는데 내가 참전하지 않는다면
친구들은 나를 비겁자라 할 것이다, 라며
그는 자유를 지키기 위해 총을 들었다
하버드대학교 대학원 박사과정에 다니던 스물아홉 살 청년
그는 주위의 만류를 뿌리치고 6.25한국전쟁에 참전한다
해군의 신분으로 인천상륙작전에 참여해 성공을 거두고
함락된 고향 평양을 되찾겠다며 지상군을 자원했던 청년
그가 김포평야를 탈환하고 치열했던 연희동 104고지전투를 거쳐
마침내 녹번리 전투에서 전사했을 때
그의 주머니에는 사랑하는 아내와 세 아이의 사진이 들어 있었다

오, 눈물 난다
피로서 지킨 민주주의의 이름 윌리엄 해밀턴 쇼
우리의 주머니에 평화를 채워준 사람
우리의 목에 나부끼는 자유의 넥타이를 걸어준 사람
우리의 지갑에 평생 쓰고도 남을 통행의 자유이용권을 넣어준 사람
우리는 그를 우러른다
보라 하늘은 맑고 드높나니
그가 우리에게 피로서 지켜낸 하늘
이 세상이 끝난다 해도 그에 대한 감사는 끝나지 않으리
지구가 멸망한다 해도 그가 지켜낸 평화는 끝나지 않으리
고개를 들어 하늘을 보라
윌리엄 해밀턴 쇼가 선물한 저 맑은 은평의 하늘을

진도북춤
– 김진옥 님의 춤사위에 대하여

1.
모내기가 한창이다
둥 두둥 둥 두두둥
수십 명의 일꾼들이 허리를 구부리고
쏙 쏘속 쏙 쏘소속 잰 손으로
줄 맞추어 모를 내고 있다
얼쑤 줄 넘어가요, 못줄 잡은 좌상이 줄을 튕기자
못줄에서 튀어 오르는 흙탕물이 흥겹다

2.
자갈자갈 자갈자갈 자갈자갈자갈
파도가 뭍을 기어오르고 있다
자갈들이 저마다 한 마디씩 한다
그때 배 뒤집혀 신랑 죽은 순녀네 있잖아
이번에 뭉치아비랑 살림을 합쳤다지
질풍노도의 시기가 지나고 어깨춤 한창이다

3.
딱 따닥 딱 따다닥
숲속 딱따구리들 신축공사가 한창이다
고운 풀뿌리를 물어 나르는 양
흰 코고무신 쳐든 발끝이 딱따구리 부리 같다
어디서 불어오나

코끝에 느껴지는 한 줄기 바람이 향그럽다

4.
떼어주고 먹이고 밟고 훑치고
깽깽깽깽 깨깽깽깽 깨깨갱깽깽 깨개개갱깽
홀태에 벼를 훑으며 타작마당이 펼쳐졌다
두 손바닥 마주치지 않아도 소리가 공명한다
구름을 밟는 듯 하늘을 나는 듯
어깨에 새소리를 감고 태백준령을 넘는다

* 2011년 3월 21일 남산국악당에서 진도북춤을 보고

물고기를 잡으며
– 김용배 이정범 보병제6사단 사령부 전우에게

서울근교 한 주말농장에서 군대시절 전우 셋이 만났다
산중이라 에어컨 선풍기도 켤 수 없고
날씨가 너무 더워 종아리를 걷어 올린 채
고무다라에 발을 첨벙거리며 유년시절을 떠올렸다

비로포대 고무다라 세숫대야를 타며
배치기 다이빙을 하며 수영하던 이야기가 먼저 나오고
수영하다 배고프면 고구마 무를 서리해먹고
옥수숫대 꺾어먹다 입술을 베이고
오디 따먹고 돼지감자 캐먹던 이야기가 뒤를 이었다

그 이야기도 시들해지자 우리는 물고기를 잡았다
4학년짜리가 수류탄을 던져 물고기가 튀어 오르고
동네 형이 소석회를 풀어 물고기 씨를 말린 이야기며
깨진 유리어항에 발바닥을 벤 이야기며
조선팔도의 물고기 이름과 갖가지 잡는 방법이 동원되었다
 우리는 종댕이* 가득 물고기를 잡았다
  이제 유년으로 돌아가는 길목 어귀
 우리는 해가 저물도록 짱깨미뽀로 물고기를 나눌 것이다

---

* 종댕이 : 싸리나무로 만든 바구니. 물고기나 씨앗을 담는 도구로 끈이 달려있어 허리춤 옆에 차고 작업하기에 편리하다. 큰 것은 대리키라 부른다.

마흔에 부쳐
– 동생 박두생에게

스케치를 마치고
물감을 사용할 나이

분장을 끝내고
공연할 나이

몹시도 저린 치통을 참고
수선화 한 송이 바라 볼 나이

풀잎에 이슬 맺힌 진리를 알고
풀잎의 삶을 닮아갈 나이

달려 온 길 백미러에 모아 담고
나아 갈 길 라이트 켤 나이

숭숭 뚫린 울타리로도
당당히 가족을 감쌀 수 있는 나이

괜찮아요
– 문창호에게

밥 먹었니, 괜찮아요
이것 좀 먹어봐라, 괜찮아요

부모 일찍 여의고 세차장에서 일하던
지능이 좀 모자라는 창호
모내기하는 날 놀러온 그에게
밥 먹으라 하면, 괜찮아요
하루 종일 심부름해주어서 돈 주려 하면, 괜찮아요
어떤 근심 걱정도 그에겐 모두 괜찮다
그때 나는 온통 안 괜찮은 것뿐이었는데
그에겐 온통 괜찮은 것뿐이었다
힘들지 않니, 괜찮아요
춥지 않니, 괜찮아요

그를 못 본지 40여년
창호야, 지금 어디에 살고 있니
나는 이제 괜찮아졌으니
너도 정말 괜찮았으면 좋겠다

작품해설

신과의 대화,
그 시적 이미지의 세계

- 유 승 우 (시인, 문학박사)

■ 작품해설

신과의 대화, 그 시적 이미지의 세계

유 승 우 (시인·문학박사)

1. 들어가는 말

인간이 침팬지와는 98.7%, 고릴라와는 97.7%, 오랑우탄과는 96.4%의 유전자가 같다고 한다. 그렇다면 1.3%, 2.3%, 3.6%의 차이 때문에 원숭이가 아닌 인간이 된 것이다. 1.3%가 다르기 때문에 98.7%가 같아도 침팬지는 인간이 아니다. 이 1.3%가 인간과 침팬지 사이의 건널 수 없는 강이다. 이 1.3%가 바로, 인간은 왜 인간인가에 대한 답이기도 하다.

왜 인간인가. 1.3%의 신비(神秘)는 무엇인가. 신비(神秘)란 "눈에 보이지는 않으나 반드시 있다."는 뜻이다. 1.3%는 98.7%에 비하면 무시해도 될 것 같다. 그러나 그럴 수 없는 것이, 이 1.3%가 침팬지에게는 영원히 건널 수 없는 강이기 때문이다. 침팬지는 인간이 하는 짓을 98.7%까지 흉내 내면서도 언어만은 따라하지 못 한다. 그렇다면 침팬지가 영원히 건널 수 없는 강은 바로 언어의 강이다. 왜 인간인가에 대한 답이 이제 명백해졌다. 왜 인간인가. 인간(人間)이란 우리말로 '사람 사이'이다. 혼자서는 '사람 사이' 곧 '사회적 존재'가 될 수 없다. 그러니까 말을 씀으로 해서 '사람 사이'가 형성될 될 수 있다는 것이다. 다시 말해 '말씀'으로 인간이 된 것이다. 이 '말씀' 곧 언어가 인간조건인 것이다.

시는 말씀 곧 언어예술이다. 예술(藝術)의 예(藝) 자는 "인간이 나무를 심는 모습을 상형한 글자"이다. 자전에서는 이 글자를 '씨앗을 심다(種也)'라고 풀이하고 있다. 인간은 왜 나무를 심는가. 숲을 가꿔 열매를 맺기 위해서다. 여기서 "열매는 나무에 맺힌 자연의 결실이고, 시는 사람이 지은 생명의 열매이다"라는 은유가 성립된다. 그렇다면 예술(藝術)은 나무에 맺힌 열매처럼 자연스러운 예술작품을 짓는 기술이란 의미가 된다. 나무에 열매가 열리는 것은 자연이며, 사람이 시를 짓는 것은 인위(人爲)이다. 예술은 비록 인위(人爲)이지만 나무에 열매가 열리듯이 자연스럽게 작품을 창작하는 기술이란 뜻이다. 왜냐하면 인위(人爲)의 인(人)자와 위(爲)자를 합하면 거짓 위(僞)자가 되기 때문이다. 자연의 열매가 거짓 없는 '생명의 창조'이듯이 예술작품도 거짓 없는 예술적 진실의 구현이 되어야한다는 의미이다.

사람(人)은 곧 글(文)이다. 그래서 사람과 글, 곧 인문(人文)은 한 몸이다. 인(人)은 공간에 존재하는 육신의 상형이고, 문(文)은 보이지 않는 마음의 상형이다. "원래 글을 뜻하는 글월 문(文)자는 사람의 몸에 심장을 그려 넣는 모습을 상형한 글자라고 한다. 좀 더 자세히 말하면, 죽은 사람의 가슴에 심장을 그려 넣음으로써 부활을 기원하는 의식의 한 과정이었다."고 한다. 그러니까 글(文)은 사람의 심장 곧 마음이다. 그러한 인간의 이미지가 인문(人文)이며, 시(詩)인 것이다. 그래서 하이데거는 시를 '인간존재의 구현'이라고 했다.

　김순진 시인이 『더듬이주식회사』라는 표제의 시집을 출간한다. 시는 영혼의 숲이다. 특히 한 시인의 시집은 그 시인의 영혼의 원시림이다. 원시림 속에는 그 시인의 알몸이 그대로 드러나 있게 마련이다. 이제부터 김순진의 원시림 속에서 그의 알몸을 만나보기로 한다.

2. 시(詩)는 신화(神話)이다.

　'시는 神話이다'라는 말은 시의 내용적 정의이다. 시의 내용, 즉 시는 무엇을 표현한 것인가라는 물음에 대한 답이다. 그러니까 시의 내용은 '神話'라는 것이다. 여기서 필자는 神話의 의미를 밝혀야 할 필요를 느낀다. 그러면 신화(神話)의 의미는 무엇인가. 신화 연구가들에 의하면 "① 신들의 이야기 ② 신과의 대화 ③ 신의 말씀"이다. 위의 세 가지 신화의 의미 중에서 시의 내용이 되는 것은 ②번의 '신과의 대화'이다. 오늘날에는 시라고 하면 서정시만을 가리키는 말이 되므로 '신과의 대화'는 곧 서정시에 대한 정의라고 할 수 있다. 그리고 ①번의 '신들의 이야기'는 신들이 주인공으로 등장하여 펼치는 이야기로서 그리스·로마 신화 같은 것을 말한다. 이것도 시의 내용이긴 하지만 서사시와 극시의 내용인 것이다. 오늘날의 소설과 희곡의 내용에 대한 정의라고 할 수 있다. 그러니까 '신들의 이야기'는 결국 '사람들의 마음의 이야기'로 귀결되는 것이다. 그리스, 로마 신화에 등장하는 신들도 실은 사람들의 마음을 상징하는 것이다. 그리고 ③번의 '신의 말씀'은 종교적 차원의 의미이다. 그러니까 서정시는 '신과의 대화'를 내용으로 하는 것이다.

> 내가 처음 본 당신은
> 여름날 굵은 소나기를 맞아
> 착 달라붙은 옷의 굴곡이 드러난
> 여체보다 선명하였다
> 당신은
> 어릴 적 뛰 놀던 동산의
> 그리 풍기지 않는 찔레꽃 향기처럼
> 은은히 다가왔다
> 당신의 향기는
> 절벽 아래 세워진 벌통
> 토종벌의 역사로 이루어진
> 꿀보다 감미로웠다
> 그래서 나는
> 헛간과 외양간 사이를 곡예하는 집거미의
> 거미줄 같은 위태로움으로
> 당신이 걸려들기를 기다린다
>
> - 「서시(序詩)」 전문.

 시의 가장 중요한 요소는 상상력(想像力)이며, 상상(想像)은 우리말로 '그리다'이다. 그러니까 상상력은 '그리는 힘'이다. 그런데 이 '그리는 힘'은 '없음(無)'을 느낄 때 더욱 풍부해진다. 부모가 없는 고아는 부모의 모습을 그리고, 사춘기가 지나서도 연인이 없는 남녀는 연인의 상을 그린다. 마음속으로만 그리는 것은 '그리움'이고, 선과 색채로 그리면 '그림'이 되며, 말로 그리면 시적 이미지가 된다. 그래서 C.D 루이스는 "시적 이미지는 말로 그린 정열적 그림"이라고 정의했다. 여기서 정열적이란 말은 강열한 그리움을 가리키는 말이다. 그리움은 곧 사랑이다. 그러니까 시인은 곧 강열한 사랑을 하는 사람이다. 모든 예술작품 곧 <시와 노래와 그림>은 그리움의 열매 곧 사랑의 열매이며, 사랑의 열매는 곧 영혼의 열매인 것이다. 열매는 생명의 집이며, 시는 영혼의 집이다.

시집의 머리말까지 「서시(序詩)」로써 가름한 것으로 보아 김순진은 역시 타고난 시인이다. 자연의 사물은 무위의 '존재(存在)'이지만 인간존재는 '없음(無)'이라고 한다. 이 '인간존재의 무(無)'를 절실히 느끼는 사람이 시인이다. 누구보다도 그리움이 많은 사람이 시인인 것이다. 그래서 위의 「서시(序詩)」는 "내가 처음 본 당신은 / 여름날 굵은 소나기를 맞아 / 착 달라붙은 옷의 굴곡이 드러난 / 여체보다 선명하였다"라는 시각적 이미지로 그리고, "찔레꽃 향기처럼 은은히 다가왔다"라는 후각적 이미지와 "꿀보다 감미로웠다"는 미각적 이미지로 그린 다음, "헛간과 외양간 사이를 곡예하는 집거미의 / 거미줄 같은 위태로움으로 / 당신이 걸려들기를 기다린다"로 시를 마무리한다. 그러면 여기서 "당신이 걸려들기를 기다린다."는 '당신'은 누구일까. 시인이 기다리는 당신은 아무래도 시신(詩神)밖에 없을 것이다. 그래서 김순진은 오직 시신(詩神)만을 기다리며 '시신과의 대화'를 꿈꾸는 시인임을 확인할 수 있다. 그런데 그가 "걸려들기를 기다리는" 시신은 여신(女神 -

Muses)이다. 그는 남자이기 때문이다.

> 종로3가 지하철 3호선에서
> 청량리역 쪽으로 가는 1호선 열차로 갈아탔다
> 열차 칸 사이에서 살짝 눈을 뜬 가짜 맹인 두 명이
> 3분 사이로 찬송가에 발을 맞춰 엉거주춤 걷고 있다
> 움푹 팬 눈이지만 희망의 감자눈을 잃어
> 구걸로 연명해야 하는 그들
> 어느 병원에 문병을 갔다가
> 꾀병도 병이라는 표어를 본 일이 있다
> 삶이 얼마나 고됐으면 멀쩡한 사람들이
> 눈을 감고 더듬이를 택하였을까
> 등에 멘 달팽이집가방에 천 원짜리 몇 닢 넣은 그가
> 삶의 점액질을 발산하며 달팽이 발을 질질 끈다
> 하지만 그들의 눈을 떠주기 위해 목숨 거는
> 심청이도 뱃사람도 보이지 않는다
>
> 그들에게 지팡이는 길을 더듬는 도구가 아니라
> 더듬이주식회사의 사원증이었던 것이다

─「더듬이주식회사」 전문

위의 시는 시집의 표제가 된 작품이다. 한 시집의 표제는 인간이 사는 집의 문패와 같다. 문패에는 그 집 주인의 성명(姓名)이 적혀 있다. 성(姓)은 씨족의 가계이며, 명(名)은 집주인의 개성(個性)이라고 할 수 있다. 가계(家系)는 자연의 씨족사회이고, 이름은 인위의 작명이다. 무위자연(無爲自然)의 무위는 도교적 용어이고, 기독교적 용어로는 신위(神爲)라고 한다. 사회(社會)는 신(示)이 땅(土) 위에

사람을 모은(會) 공동체이고, 이 사회의 순서를 뒤집어놓은 것이 인위의 회사(會社)이다. 요즘의 사회는 "열차 칸 사이에서 눈을 뜬 가짜 맹인 두 명이 / 3분 사이로 찬송가에 발을 맞춰 엉거주춤 걷고 있다"에서 보듯, 자연의 진실은 사라지고 인위의 거짓이 행해지는 세상이 되었다. "하지만 그들의 눈을 떠주기 위해 목숨 거는 / 심청이도 뱃사람도 보이지 않는다"고 한다. 결국 시인은 "그들에게 지팡이는 길을 더듬는 도구가 아니라 / 더듬이주식회사의 사원증이었던 것이다"라고 명명하고 있다. 시인은 원래 이름 짓는 사람이다. 김순진 시인이 명명한 현대사회의 이름이 「더듬이주식회사」가 된 것이다. 인위의 인(人)자와 위(爲)자를 합자하면 거짓 위(僞)자가 된다고 했다. 인류사회가 왜 위선(僞善)과 위악(僞惡)의 세상이 되었을까. 현대사회는 원래의 자연의 진실을 잃어버리고 모두 「더듬이주식회사」가 되어버렸다. 아버지와 아들, 어머니와 딸의 모임인 가족도, 스승과 제자의 사제지간도 모두가 「더듬이주식회사」의 사원들이 된 현실이다. 시인의 눈에 그렇게 보인 것이다. 시인의 눈에 보인 것을 그대로 그린 시적 이미지가 「더듬이 주식회사」리는 것이다.

   시인이 시를 창작하는 것은 마음의 옷을 벗는 일이다. 마음의 옷을 '허물'이라 하고, 한자로는 허물 죄(罪)자를 쓴다. 인류역사에서 최초의 인위가 시작된 것이 옷이다. 에덴동산은 자연을 상징한다. 아담과 이브는 죄를 짓고, 다시 말해 옷을 입고 에덴에서 추방되었다. 위의 시에서 '더듬이'는 '가짜맹인'의 연기를 상징하는 이미지이며, 자연의 '사회(社會)'를 인위로 뒤집은 것이 '회사(會社)'인 것이다. 오늘날의 거짓된 현실을 고발하는 시 정신을 「더듬이 주식회사」라는 이름 짓기로 희화화해서 보여준 신화이다.

> 그녀의 몸에는 뽀송한 설탕가루가 묻어 있고
> 나는 그녀를 꽃술처럼 드나든다
> 처음 그녀의 정원은 겨울나무였으나
> 차츰 그녀의 옷에는 봄이 도래하고
> 이제 그녀의 향기는 풀꽃으로 벙글어
> 나의 왕래를 용인한다
> 처음 나는 막 동면에서 깨어나 벌통 앞을 기는 벌이었으나
> 차츰 나는 그녀의 입맛을 위해 하트를 그리며 비행하였고
> 이제 나는 어깨에 꿀단지를 메고 당당히 비행한다
> 그녀의 꽃술에서 끈적한 타액이 흐름을 발견한 나는
> 더더욱 잦은 비행으로 꿀 따러 간다
> 나는 시나브로 그녀의 입술에 침을 꽂는 수고로움으로 영광 돌린다
> 모르는 사이에 그녀의 씨방은 시나브로 영글고
> 그녀의 씨앗이 온 대지를 풀꽃밭으로 만들 것이다
>
> 아, 이제 그녀는 나를 '에르네스토 체 게바라'라는
> 최상급의 스위트미트(sweetmeat) 언어로 불러댄다

- 「시(詩)」 전문

 인간의 영혼 혹은 마음은 식물성이라 꽃을 피우고, 그 결실인 예술작품이란 열매를 맺는다. 식물성인 영혼은 동물성인 육신처럼 죽어 없어지지 않고, 육신 속에 있는 동안에 잠들어 활동을 멈출 뿐이다. 이 잠든 영혼을 깨워 활

동하게 하는 것을 흥(興)이라 하고, 흥(興)의 반대말은 망(亡)이다. 영혼이 깨어 활동하는 개인이나 집안이나 국가는 흥하고, 영혼이 잠들면 망(亡)할 수밖에 없는 것이다. 공자는 이 진리를 알고, "시에서 영적 감흥(感興)이 깨어 일어나고, 그 감흥을 예(禮)라는 형식으로 세우고, 영적 교감이라는 즐거움(樂)에서 생명이 완성된다.(興於詩 立於禮 成於樂)"라고 했다. 그래서 시적 감흥 속에 사는 시인의 영혼은 육신이 죽은 뒤에도 떠돌이가 되지 않고, 시 속에 영원히 살면서 독자와 만나고 있다. 공자는 이성적이라 '영적교감'을 즐거움(樂)이라고 했지만 서양식으로는 '신과의 대화'인 신화(神話)의 경지이다. 우리는 지금도 만해와 윤동주를 만나고, 심지어 조선시대의 윤선도와 황진이까지 만나서 영적 교감을 할 수 있다. 영적교감은 곧 신과의 대화인 신화이다. 시는 시인의 영혼이 살고 있는 영혼의 집이기 때문이다.

김순진은 「시(詩)」를 "그녀의 몸에는 뽀송한 설탕가루가 묻어 있고 / 나는 그녀를 꽃술처럼 드나든다"라고 여체(女體)에 비유하고 있다. 그는 작품 「서시(序詩)」에서도 시를 "…소나기를 맞아 / 착 달라붙은 옷의 굴곡이 드러난 / 여체보다 선명하다"라고 비유했다. 그가 그리워하고 대화하는 대상은 시의 여신(女神)이다. 하늘과 땅의 만남에서 사람이 나와 '천지인(天地人)'이 되듯이 음양조화에서 생명이 나오고, 여신과의 대화에서 시가 탄생하기 때문이다.

시는 '신화'이기 때문에, 여체에 비유하면서도 인위적 육감이 아닌 자연의 생명감을 이미지로 형상화한다. 그는

"나는 그녀를 꽃술처럼 드나든다 / 처음 그녀의 정원은 겨울나무였으나 / 차츰 그녀의 옷에는 봄이 도래하고 / 이제 그녀의 향기는 풀꽃으로 벙글어 / 나의 왕래를 용인한다."에서 보듯, 김순진은 시의 여신과 열렬하게 연애하는 시인이다. 공간에는 눈에 보이는 인간의 육신이 존재하고, 시간 속에는 눈에 보이지 않는 인간의 영혼 곧 마음이 존재한다. 시는 시간 속에 피어나는 영혼의 꽃이다. 그래서 "처음 그녀의 정원은 겨울나무였으나 / 차츰 그녀의 옷에는 봄이 도래하고 / 이제 그녀의 향기는 풀꽃으로 벙글어 / 나의 왕래를 용인한다"고 한 것이다. 시를 창작하는 것은 '신과의 대화'이며, 시간의 얼굴 그리기라고 한다. 신도 시간도 눈에 보이지 않으나 분명히 있는 신비(神秘)이기 때문이다. '봄'이란 시간의 얼굴은 풀꽃이나 풀꽃 향기와 같은 봄의 이미지이다. 이번의 『더듬이주식회사』가 네 번째 시집이라면 김순진의 시인으로서의 계절은 이제 시와의 사랑에 빠져, "그녀의 꽃술에서 끈적한 타액이 흐름을 발견한 나는 / 더더욱 잦은 비행으로 꿀 따러 간다"에서 보듯 봄철이다. 김순진은 지금 시와의 열애에 빠져 있는 청춘이다. 이제 "모르는 사이에 그녀의 씨방은 시나브로 영글고 / 그녀의 씨앗이 온 대지를 풀꽃 밭으로 만들 것이다"를 기대대해도 좋을 것이다. 그의 시로 우리의 시단을 아름다운 풀꽃의 향기로 채우게 될 것이다.

3. 시는 이미지이다.

'시는 이미지이다'라는 말은 시의 형식적인 정의이다.

신과의 대화인 신(神)의 체험을 어떻게 형상화하여 보여주느냐 하는 물음에 대한 답이다. '신과의 대화'는 지식이나 사상이 아니다. 지식이나 사상이라면 설명이라는 형식을 통해 이해할 수 있다. 그러나 종교나 예술은 이해가 아니라 느낌이며 체험이다. 종교의 교리를 이해함으로써 종교적 체험을 할 수는 없다. 마찬가지로 음악이나 미술이나 시도 이해하는 것이 아니라 느끼는 것이다. 감동이며 교감이다. 시인은 시를 음악처럼 느끼기 위해 청각적 이미지를 만들고, 미술처럼 느끼기 위해 시각적 이미지를 만든다. 시인은 이미지를 만드는 사람이다.

사람은 살아가면서 많은 체험을 하게 된다. 그 체험들은 사라져 없어지는 것이 아니라 우리의 기억의 창고 속에 저장된다. 이것을 심리학에서는 무의식이라고 한다. 시인은 이 무의식 속에 묻혀 있는 체험들을 살려서 이미지로 만든다. 그래서 과거의 경험과 현재의 지각을 결합한 것이 곧 이미지라고 E. 파운드가 말했다. 결국 시인은 이미지를 만드는 사람이다. 'poet'이란 말이 만드는 사람(maker)이라는 어원을 가지고 있다는 것도 이런 뜻에서 이해할 수 있다.

사실 '신과의 대화'라든지 '신의 말씀'이란 것은 추상적 관념이다. 자기만이 느끼고 있는 것이다. 이것을 타인과 교감하기 위해 이미지를 만든다. 신과의 대화란 정신적 혹은 영적 교감이다. 쉽게 말해서 마음의 느낌이다. 마음의 느낌은 그 느낌의 당사자인 시인에겐 생동하는 감각이다. 이 생동하는 감각을 타인에게 이해시킬 수는 없다. 보여줘야 하고, 들려줘야 한다. 그래서 이미지를 만든다. 이해시키는 언어는 과학적 언어이며, 보여주고, 들려주어서 느끼게 하는 언어는 시적 언어이다. 그러니까 이미지는 시적 언어라고 할 수 있다. C. D. 루이스는 이미지를 말로 그린 그림이라고 했다. 보여주는 언어, 곧 '언어로 구성된 회화'라고 할 수 있다.

> 나는 내 겨드랑이를 믿는다
> 언젠가는 날개가 돋아날 내 겨드랑이를 믿는다
> 병아리가 그랬던 것처럼 꺼병이가 그랬던 것처럼
> 겨드랑이에 날개가 돋아나려면 빈 팔을 마구 저어야 한다
> 자꾸만 빈 팔을 저어 허공에 동그라미를 그리다 보면
> 언젠가 내 겨드랑이에는 날개가 돋아나겠지
> 그날이 내일일 수도 있고 10년 있다 돋아날 수도 있다
> 어쩌면 내가 죽어서야 관을 박차고 날아오를 수도 있을 거야
> 그래도 나는 내 겨드랑이를 믿는다
> 그래서 오늘도 할머니의 짐을 들어드리고
> 외국인을 만나면 짧은 영어로 길을 가르쳐준다
> 마치 여행 왔다 돈 떨어진 양 일본말로 구걸하는 청년이
> 수작임을 뻔히 알면서도 만 원짜리 한 장을 건네며 밥을 사먹으라 한다
> 병아리가 물 한 모금 먹고 하늘을 쳐다보는 이유는 날고 싶어서일 거야
> 나도 하늘을 날고 싶어 자주 하늘을 본다
> 땀이 날 때면 혹시 날개가 돋는 건 아닌가
> 겨드랑이를 들여다보면 곧 돋아날 것만 같은 날개의 기미가 보인다
> 나는 내 겨드랑이를 성경말씀처럼 믿는다
> 그래서 겨드랑이에 돋아날 그 아름다운 날개를 믿으며
> 겨드랑이 밑에 감춰진 천사의 날개를 위해 팔의 수고를

아끼지 않는다
　　　오늘도 나는 마음을 나누고 물질을 나누며 사람의 향기를 나누어
　　　마침내 천사를 꿈꾼다

　　뭐, 시인은 이미 천사와 동급일 테지만

　　　　　　　　　　　　　　-「겨드랑이 성경」 전문

　지은 것은 집이고, 만든 것은 물건이다. 집은 살기 위해 짓고, 물건은 쓰기 위해 만든다. 그런데 '짓다'와 '만들다'는 동사이고, 이 두 동사를 합한 말이 '일하다'이며, '일하다'라는 동사의 주어는 인간이다. 인간만이 일을 한다. 이 일이 한자로 사(事)이고, 그 결과가 물(物)이다. 곧 사물(事物)이다. 그런데 사물에는 자연의 사물과 인공의 사물이 있다. 자연의 사물은 하나님이 지으신 결과의 피조물이고, 인공의 사물은 사람이 만들거나 지은 결과물이다. 시는 만드는 것이 아니라 짓는 것이다. 물건이 아니라 집이라는 말이다. 그러면 시는 어떤 집인가. 시는 영혼이 살고 있는 영혼의 집이다.
　위의 시는 "1부. 겨드랑이 성경"에서 보듯, 20편으로 구성된 시집 '1부'의 표제가 된 작품이며, 총 97편이 기재된 시집의 첫 작품이기도 하다. 그러므로 이 작품은 그의 영혼의 집 현관과 같은 작품이다. 인간이 사는 집에는 그 현관에만 들어서도 그 집의 분위기를 감지할 수 있다. 영혼의 집의 분위기를 감지한다는 것은 그 시인의 시세계를 추측한다는 것이다. 이 시는 "나는 내 겨드랑이를 믿는다 / 언젠가는 날개가 돋아날 내 겨드랑이를 믿는다"로 시작

되어, "마침내 천사를 꿈꾼다 // 뭐, 시인은 이미 천사와 동급일 테지만"으로 끝난다. 결국 이 작품은 날개의 이미지를 형상화한 작품이다.

그러면 날개란 무엇인가. 하늘을 향해 날아오르려는 의지 곧 뜻이다. 인간에겐 날개가 없다. 날개가 없는 인간이 하늘에 오르려고 하는 꿈을 형상화한 이미지가 용이다. 그래서 권력의 상징인 왕좌(王座)를 용좌(龍座)라고 한 것이다. 그러나 용좌에 앉은 왕은 모두가 이무기가 되었다. 이무기는 인간의 생명을 살리는 것이 아니라 죽인다. 그래서 성경에서는 용을 사탄이라고 했다. 그러면 시인의 날개는 무엇인가. 시인은 "병아리가 그랬던 것처럼 꺼벙이가 그랬던 것처럼 / 겨드랑이에 날개가 돋아나려면 빈 팔을 마구 저어야 한다"고 한다. 어린 새가 스스로 날 수 있을 때까지 날개 짓을 열심히 한다는 뜻의 글자가 익힐 습(習)자이다. 시인의 날개는 "그날이 내일일 수도 있고 10년 있다 돋아날 수도 있다 / 어쩌면 내가 죽어서야 관을 박차고 날아오를 수도 있을 거야"라고 한다. 그렇다면 시인의 날개는 현실의 날개가 아닌 상상의 날개 곧 '시의 날개'이며, '노래의 날개'이다. 눈에 보이는 날개로는 하늘에 오를 수 없다. 하늘에 오른다는 것은 하늘과의 교감 곧 영적 교감이다. 날개를 가진 새는 모두 노래를 한다. 그래서 "Birds sing"이라고 하고 한자로는 명(鳴-울다)이라고 한다. 시인은 상상의 날개를 기지고 있다. 상상의 날개는 사랑의 날개이다. 이 시는 사랑의 날갯짓으로 영적 교감을 하는 시인의 이미지이다.

새벽 두 시, 창밖에는 소낙비가 쏟아지고 있다
소낙비는 이 늦은 시간에 서재에 들러
그간의 가뭄을 퇴고하고 있는 중이다
더딘 초록을 퇴고하고 있는 중이다
풀꽃의 부진을 퇴고하고 있는 중이다
강물의 수위를 퇴고하고 있는 중이다
황사의 오류를 퇴고하고 있는 중이다
미세먼지의 부당함을 퇴고하고 있는 중이다
밤의 적막을 퇴고하고 있는 중이다
차량의 질주를 퇴고하고 있는 중이다
도둑의 위험성을 퇴고하고 있는 중이다

참새가 나무에 앉을 때 그냥 앉지 않는다
나무가 여기 있으니 비행기는 이쪽으로 비행하지 말아주세요
연이 걸릴 수 있으니 날리지 말아주세요
추돌할 수 있으니 자동차는 이쪽으로 운행하지 말아주세요
짹짹짹, 퇴고의 밑줄을 긋지만 우리는
겨우 참새가 하는 말이니, 무시한다
겨울이 오고 있으니 준비하라는 말
사랑이 떠나려 하니 정성을 다하라는 말
당신이 날로 포악해지고 있으니 뒤돌아보라는 말
잠시 그늘에서 쉬며 자신을 돌아보라는 말인데,
우리는 참새의 퇴고를 무시한 채 오류를 범하고 있다

- 「비와 참새의 퇴고법」

　자연은 조화의 세계이다. 어둠과 밝음이 잘 어울린다. 밤의 어둠이 물러가지 않겠다고 버티지도 않으며, 아침의 햇살이 어둠의 가슴을 찔러 피를 흘리게 하지도 않는다. 자연의 기운은 소리 없이 잘 어울린다. 솔방울이 잣송이를

시기하지 않으며, 사과가 배를 보고, 색깔이 다르다고 차별하지 않는다. 아름다운 시의 나라다. 밤과 낮이 소리 없이 교감하고, 어둠과 밝음이 어울려 사귄다. 자연의 힘은 서로 버티어 겨루지 않고 잘 어울린다. 자연의 기운은 물리적으로는 냉기와 온기이며, 철학적으로는 음기와 양기이고, 종교적으로는 귀기(鬼氣)와 신기(神氣)이다. 이처럼 자연이 스스로 바로잡아 가는 현상을 김순진 시인은 「비와 참새의 퇴고법」이리고 비유했다. 퇴고란 글 쓰는 사람이 자신의 원고를 교정해서 바로잡는 것이다.

위의 시는 '2부'의 표제가 된 작품이다. 이 시는 "새벽 두 시, 창밖에는 소낙비가 쏟아지고 있다"로 시작하여, 가뭄 끝에 내린 소낙비로 인하여 발생하는 자연현상을 "그간의 가뭄을 퇴고하고 있는 중이다 / 더딘 초록을 퇴고하고 있는 중이다 / 풀꽃의 부진을 퇴고하고 있는 중이다 / 강물의 수위를 퇴고하고 있는 중이다 / 황사의 오류를 퇴고하고 있는 중이다 (중략) 차량의 질주를 퇴고하고 있는 중이다 / 도둑의 위험성을 퇴고하고 있는 중이다"라는 비유적 이미지로 형상화하여 보여주고 있다. 가뭄으로 인해 "더딘 초록, 풀꽃의 부진, 강물의 수위, 황사의 오류" 등을 퇴고하고, 끝으로 "차량의 질주, 도둑의 위험성"까지 퇴고한다는 것이다. '새벽 소낙비'가 자연현상의 변화를 바로잡고, 인위적 잘못까지 퇴고한다는 것 것이다. 시인다운 비유법이다. 시인은 언제나 영적 퇴고를 하는 예술인이다.

그리고 둘째 연에선 "참새가 나무에 앉을 때 그냥 앉지 않는다"고 전제하고, "비행기, 연 날리기, 자동차의 운행"까지 안전하게 하라고 "짹짹짹, 퇴고의 밑줄을 긋지만 우리는 / 겨우 참새가 하는 말이니, 무시한다"고 한탄한다. 시인은 자연과 교감하는 사람이다. 자연현상에서 남은 못 보는 것을 자기만이 본 것이 시각적 이미지이며, 자기만이 들은 것이 청각적 이미지이다. '소낙비'가 퇴고하는 자연현상은 김순진의 시각적 이미지이며, '참새'가 퇴고하는 것은 청각적 이미지이다. 시인은 원래 남은 못 보고, 못 듣는 것을 보고 듣는 사람이다. 그래서 시인을 예언자라고 하며, '신과의 대화'를 하는 사람이라고 한 것이다. 결국 "당신이 날로 포악해지고 있느니 뒤돌아보라는 말"인데 "우리는 참새의 퇴고를 무시한 채 오류를 범하고 있다"라고 시를 마무리한다. 무위의 자연은 그대로인데 인위의 문화가 거짓 위(僞)자의 모습으로 "날로 포악해지고 있느니"에 대한 경고의 이미지이다.

> 아이가 슈퍼 앞에서 주워온 박새 새끼 한 마리
> 계란 노른자를 반죽해 핀셋으로 떠먹여 위기는 넘겼다
> 새끼 소리를 듣고 찾아온 어미 새 부부
> 밖에 내놓았더니 십 분이 멀다하고 물어다 먹이고 있다
> 집안으로 들여놓으면 걱정으로 우짖는 어미새
> 내놓으면 들고양이한테 잡아먹힐까봐 보초를 서는 나
>
> 계란 노른자위를 떠먹고 자란 듯한 여린 마음이
> 고양이발톱 같은 마음에게 상처 받지는 않을까
> 제 둥지를 찾아 돌아가야 하는 파랑새는 철새
> 이리 걱정스럽게 날다 상처를 가질 지라도
> 나 때문에 누가 되지 않았으면 좋으련만, 걱정을 한다
>
> ─「격정과 걱정 사이」 전문

예술작품의 창작에서 중요한 것은 '무엇을' '어떻게' 형상화하느냐 하는 것이다. 여기서 '무엇을'은 작품의 내용이며, '어떻게'는 작품의 형식이다. 그런데 '무엇을'이란 내용은 '자연과의 교감' 곧 '신과의 대화'이며, '어떻게'란 '형식'은 시인만이 보고, 듣고, 맡고, 맛보고, 만진 것을 시, 청, 후, 미, 촉각적 이미지로 어떻게 형상화하느냐이다. 따라서 예술작품의 가치평가는 어떻게 형상화되었느냐 하는 형식적 평가가 될 수밖에 없다. 다시 말해 시의 창작은 곧 새로운 이미지의 형상화이다. 그래서 현대시론에서 "시는 이미지이다."라는 정의는 곧 시의 형식적 정의를 의미한다.

위의 시는 제 '3부'의 표제가 된 작품이다. 위의 표제에서 '격정'은 자연이며, '걱정'은 인위이다. 위의 시에서 "아이가 슈퍼 앞에서 주워온 박새새끼 한 마리 / 계란 노른자를 반죽해 핀셋으로 떠먹여 위기는 넘겼다"는 서두는 인위적 '걱정'의 이미지다. 그 다음 "새끼 소리를 듣고 찾아온 어미 새 부부 / 밖에 내놓았더니 십 분이 멀다하고 물어다 먹이고 있다"는 자연의 '격정'의 이미지이다. 이 격정의 이미지는 "집안에 들여놓으면 격정으로 우짖는 어미 새"에서 구체적으로 형상화되고, 걱정의 이미지는 "내놓으면 들고양이한테 잡아먹힐까봐 보초를 서는 나"에서 구체적으로 형상화된다. 자연의 이미지와 인위의 이미지를 '격정'과 '걱정'이라는 발음이 비슷한 단어의 의미를 구체적 이미지로 형상화한 데서, 언어유희로 볼 수 없는 시인의 진실성을 알 수 있다. '어미 새 부부'의 격정과 시인의 걱정이 똑같은 시적 진실로써 독자의 마음에 전해온다. 결국 "이리 격정스럽게 날다 상처를 가질지라도 / 나 때문에 누가 되지 않았으면 좋으련만, 걱정을 한다"로 시를 마무리한다. 이런 이미지야말로 생명사랑의 시인의 마음을 그대로 보여주고 있다.

아내가 주차장 가에 난 풀을 뽑고 있다
어디서 저런 무시무시한 힘이 나오는 것일까
풀고갱이처럼 여린 여자가
풀뿌리에 매달린 지구를 들어 올리고 있다
들릴 듯 들릴 듯한 지구는 들리지 않고
지구의 부스러기만 딸려 올라온다
한쪽에서는 지진이 나고
한쪽에서는 화산이 폭발하고
요동치는 지구를 두 발로 밟고 앉아
태양의 기를 받은 여자가 땀을 흘리고 있다
그녀는 지금 휴화산
그녀에게도 두 번의 화산분출이 있었다
그때마다 두 가슴에는 용암이 흘렀고
세상을 덮을만한 용기도 있었다

여전히 신비한 마그마의 동굴을 가진 여자가
지구를 들썩이고 있다

-「풀 뽑는 여자 - 아내 한순복 님에게」 전문

위의 시는 시집 '4부'의 표제가 된 작품이다. 시집 '4부'에 수록된 22편의 작품에는 "…님에게, …님께"라는 부제가 붙여 있다. 그러니까 '4부'의 작품들은 모두 인간관계를 제재로 한 작품들이다. 인간관계에는 하늘이 맺어준 종적관계와 인위로 맺은 횡적관계가 있다. 종적관계는 부자

지간이나 모녀지간과 같은 혈연관계이고, 횡적관계는 부부지간이나 붕우지간과 같은 인위적관계이다. 종적관계는 자연이고, 횡적관계는 인위이다. 이 횡적관계의 첫 단계가 한 남자와 한 여자가 만나는 부부관계이다. 그래서인지 "-아내 한순복 님에게"라는 부제는 「뾰족한 시」라는 작품에도 붙여 있다. 이 시는 "식당일 공장일 병원일 허드렛일을 전전하며 / 내가 시를 쓰도록 묵인해준 20년 동안 / 얼마나 많은 말들이 아내의 가슴을 찔렀을까"로 시작하여, "아내에게는 뾰족한 비수였으리 / 오늘은 내 시가 나를 찌른다"로 시를 마무리한다.

시인의 삶 곧 시인의 길은 맛과 향이 좋은 열매를 맺는 예술의 길이다. 이 예술의 길이 곧 '인간 되는 길'이며, 아름다운 '인간관계'라는 열매를 맺는 길이다. '4부'의 시편들은 아름다운 인간관계의 이미지 곧 사랑의 열매를 형상화한 작품들이다. 김순진은 위의 시에서 "아내가 주차장가에 난 풀을 뽑고 있다"로 시작하여, "풀고갱이처럼 여린 여자 / 풀뿌리에 매달린 지구를 들어 올리고 있다"로 아내를 묘사한다. '고갱이'는 식물의 노란 새순이다. 나무의 새순은 여리지만 칼로 잘라버려도 더욱 푸르게 돋아 오른다. 그리고 마침내 꽃을 피우고 열매를 맺는다. 시창작에만 몰두하는 남편을 뒷바라지하며 살아온 아내를 비유한 이미지이다. 동물성인 인간의 육신은 죽어서 흙으로 돌아가지만 식물성인 영혼은 죽지 않는다. 「더듬이주식회사」의 사원들로 가득한 세상은 "한쪽에서는 지진이 나고 / 한쪽에서는 화산이 폭발하고" 하지만, 시인은 그의 아내를 "요동치는 지구를 두 발로 밟고 앉아 / 태양의 기를 받은 여자가 땀을 흘리고 있다"고 묘사하고 있다. 풀의 새순처럼 여린 아내의 그 힘은 결국 '태양의 기를 받은' 것이다. 험준한 세상을 살아온 김순진 시인의 시세계는 곧 "태양의 기를 받은 풀고갱이처럼 여린 아내"의 사랑이 피워낸 영혼의 꽃밭이라는 것이다. 그래서 위의 시는 "여전히 신비한 마그마의 동굴을 가진 여자가 / 지구를 들썩이고 있다"로 대단원의 막을 내린다.

4. 나오는 말

이제까지 김순진 시인의 영혼의 숲, 특히 그의 시적 원시림을 거닐며, 언어예술의 꽃과 열매를 만나 그 꽃의 향과 열매의 감미를 맛보았다. 그 결과 그의 시는 '시의 여신과의 대화', 곧 그만의 '신화(神話)'를 시적 이미지로 형상화한 예술작품임을 확인할 수 있었다. 그는 사회적 현실을 「더듬이주식회사」라고 명명하고, 현실의 인간을 그 회사의 사원이라고 명명한다. 그러나 그들을 질타하지 않고 오히려 동정심을 갖는 시심(詩心)을 잃지 않고 있는 시인이다. 마침내 그의 아내가 김순진 시인의 '시의 여신(女神)'임을 독자는 알게 된다.

사실 신화는 시인만이 느낄 수 있는 영적교감이다. 이것을 타인에게도 느낄 수 있게 하려고 시적이미지를 형상화한다. 신과의 대화란 정신적 혹은 영적 교감이다. 쉽게 말해서 마음의 느낌이다. 마음의 느낌은 그 느낌의 당사자인 시인에겐 생동하는 감각이다. 이 생동하는 감각을 타인에게 이해시킬 수는 없다. 보여줘야 하고, 들려줘야 한다.

그래서 이미지를 형상화한다. 이것이 시인의 사명이다. 이해시키는 언어는 과학적 언어이며, 보여주고, 들려주어서 느끼게 하는 언어는 시적 이미지이다. 김순진의 시적 이미지는 난해하지 않아서 좋다. 그의 시를 읽으면서 느낀 점은 그와 대화를 나누고 있다는 친근감이었다. 그의 비유가 일상적이고 그의 상징이 그대로 이야기처럼 쉽게 다가왔다. 그러니까 그의 원시림 속에서는 난해의 함정에 빠지지도 않았으며, 어떤 교묘한 덫에 걸리지도 않았음을 고백한다. 이 원시림에서 가끔 만난 그의 알몸과 그의 원시적 목소리에 나도 같이 어울렸음을 고백하며, 이 숲을 나가고자 한다.

김순진 시집

더듬이주식회사

초판인쇄일 2020년 1월 10일
초판발행일 2020년 1월 20일
재판발행일 2023년 6월 30일

지은이 : 김순진
발행인 : 김순진
편집장 : 전하라
디자인 : 김초롱
펴낸곳 : 문학공원
등 록 : 2004년 3월 9일 제6-706호
주 소 : 우편번호 03382 서울 은평구 통일로 633
        녹번오피스텔 501호 스토리문학사
전 화 : 02-2234-1666
팩 스 : 02-2236-1666
홈페이지 : https://blog.naver.com/ksj5562
이메일 : 4615562@hanmail.net

※ 책값은 뒤표지에 있습니다.
※ 저자와의 협의에 의해, 인지는 생략합니다.